Weil ich dich zum Fressen gern hab

Rezepte für Eroberer, die ihre Angebetete nicht nur kulinarisch verführen möchten

Text: Nicole Seeman
Fotos: Raphaële Vidaling

DÖRFLER · VERLAG

Weil ich dich zum Fressen gern hab

Haftungsausschluss
Alle Angaben in diesem Buch wurden von der Autorin nach bestem Wissen erstellt und gemeinsam mit dem Verlag mit größtmöglicher Sorgfalt überprüft. Dennoch lassen sich (im Sinne des Produkthaftungsrechts) inhaltliche Fehler nicht vollständig ausschließen. Die Angaben verstehen sich daher ohne jegliche Verpflichtung oder Garantie seitens der Autorin oder des Verlages. Autorin und Verlag schließen jegliche Haftung für etwaige inhaltliche Unstimmigkeiten sowie für Personen-, Sach- und Vermögensschäden aus.

Grafische Gestaltung: Claire Guigal
Layout: Raphaële Vidaling
Redaktionelle Bearbeitung: Édith Walter

Übersetzung aus dem Französischen: Sönke Horn, Hamburg
Satz: Verlagsservice Rohner, Tegernheim

Im Internet finden Sie unser Verlagsprogramm unter:
www.doerfler-verlag.de

Inhalt

Bevor Sie anfangen, sollten Sie das lesen, um zu vermeiden, dass Ihnen kleine graue Haare wachsen

Liebe geht durch den Magen

Wenn Sie das Herz einer Frau erobern wollen, beweisen Sie ihr mit einem selbst gekochten Abendessen, dass Sie aufmerksam und kreativ sind. Ein Abendessen zu zweit in den eigenen vier Wänden und in entspannter Atmosphäre – das wäre doch die ideale Verführung.

Die Sache hat nur einen Haken. Sie sind nicht gerade ein Ass in der Küche, genauer gesagt: Sie haben praktisch keine Ahnung vom Kochen, zumal der Pizzaservice ja bisher immer gute Dienste geleistet hat. Belehren Sie sich eines Besseren! Das Buch, das Sie in Händen halten, ist Ihr Trumpf. Ihre Traumfrau wird Ihnen zu Füßen liegen, nachdem Sie für sie gekocht haben.

Wie angle ich mir meine Traumfrau?

Mit Rezepten für 2 Personen

- die so einfach sind, dass Sie nichts falsch machen können (na ja – niemand ist perfekt)
- die immer ein klein wenig Eindruck machen (sie sieht, dass Sie sich Mühe gegeben haben)
- die den Geschmack der Frauen treffen (ja, auch für Ihre Angebetete ist das Richtige dabei)
- die mit ganz normalen Utensilien zubereitet werden (Sie brauchen noch nicht mal einen Gemüsehobel, geschweige denn einen multifunktionalen Küchenroboter)
- und leicht verständlichen Anleitungen (niemand muss ein Sprachstudium absolviert haben, um ein guter Koch zu sein)
- ohne allzu aufwendige Zutaten (wie – wachsen bei Ihnen im Garten etwa keine Topinambure?)
- und unentbehrlichen Einkaufshilfen (nein, Kokosmilch steht nicht bei den Milchprodukten im Kühlregal)

Mit Rezepten gemäß dem Frauentyp, den Sie eingeladen haben

Mit einem gemeinsamen Frühstück

- für den (sehr wahrscheinlichen) Fall, dass sich das Diner bis zum Morgen hinzieht …

Was haben wir denn im Küchenschrank?

Hier erfahren Sie in Wort und Bild, welche Utensilien Sie neben Messbecher, Küchenwaage, Tellern und Gläsern besitzen sollten, damit Sie die Rezepte in diesem Buch nachkochen können. (Sollte etwas fehlen, werden Sie leider auf den örtlichen Pizzaservice zurückgreifen müssen. Dafür brauchen Sie nur ein Telefon).

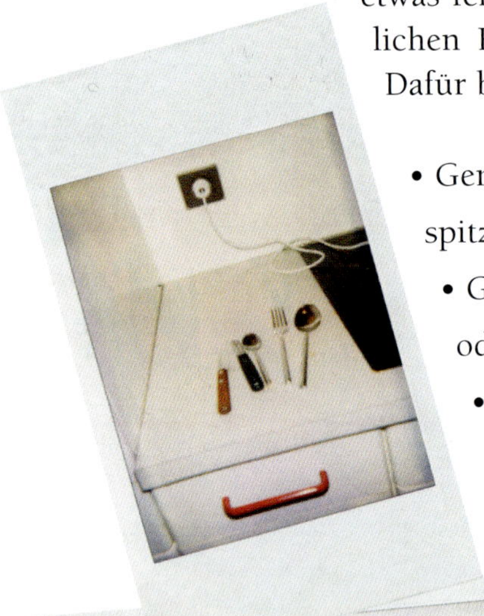

- Gemüsemesser (kleines, scharfes, spitzes Küchenmesser)
- Gemüseschäler (auch Sparschäler oder Kartoffelschäler genannt)
- Esslöffel
- Teelöffel
- Gabel

- kleine Schüssel (etwa so groß wie eine Müslischale)
- Küchenbrett (sorry, davon gibts leider kein Bild)

- große Schüssel
(Salat- oder Rührschüssel)

- Herd (Elektro oder Gas) mit mindestens zwei Platten

- großer Kochtopf
- kleiner Kochtopf

- beschichtete Bratpfanne (das ist eine, an der nichts anklebt)
- Pfannenwender (möglichst aus Kunststoff, um die Zutaten beim Garen zu wenden, ohne die Pfanne zu zerkratzen)

- Backofen (Gas oder Elektro)
- Backblech
- Gitterrost

- Geschirrtuch (oder 1 Paar Backhandschuhe)

- feuerfeste Auflaufform für 2 Personen

- Sieb
- Kühlschrank mit Eisfach

Natürlich brauchen Sie für die Zubereitung der Gerichte nicht immer alle Utensilien. Sie werden sogar Rezepte entdecken, bei denen Sie weder Herd noch Backofen anwerfen müssen.

Damit Sie den Überblick behalten, finden Sie zu jedem Rezept eine Liste mit den Utensilien, die Sie zum Kochen brauchen.

»Da fehlt ja die Mikrowelle!«, werden Sie sich vielleicht empören.

»Und gerade die hab ich doch!«, fügen Sie enttäuscht hinzu. Vergessen Sie es! Was auch immer man über die Mikrowelle sagt, sie dient doch eher dem Aufwärmen als dem Zubereiten von Speisen. Vor allem zählt sie nicht zu den Küchengeräten, mit denen man den Frauen imponiert. Doch halt! Manche Beilagen, die Sie bereits vorbereitet haben (Reis, Nudeln ...), dürfen Sie ausnahmsweise auch mal in der Mikrowelle aufwärmen.

Das Menü

Vorspeise, Hauptgericht, Nachspeise – tja, Regeln sind dazu da, dass man sie bricht.

- Servieren Sie anstelle einer Vorspeise erlesene Appetithäppchen.
- Zaubern Sie ein Menü aus Hauptgang, Salat, Käse und Dessert (schließlich möchten Sie beide sich am großen Abend ja nicht wie Mastgänse fühlen). In diesem Fall können Salat und Käse gleichzeitig serviert werden.
- Wenn Sie den Geschmack der Dame nur schwer einschätzen können, wählen Sie zwei oder drei Käsesorten, die sich geschmacklich unterscheiden, z. B. Ziegen-, Schimmel- und Schnittkäse.

Natürlich möchten Sie Ihre Auserwählte um jeden Preis beeindrucken, aber das muss ja nicht heißen, dass Sie kein Fertig-Dessert und keine abgepackte Vorspeise servieren dürfen. Wichtig ist nur, dass Sie Sinn für das Besondere zeigen, etwa mit Wurstwaren aus der Region, einer Spezialität aus einem fremden Land, einem Kuchen von einem Sterne-Konditor … Der Clou dabei: Sie verleihen den Speisen das gewisse Etwas! Hier ein paar Tipps:

- Zum Aufschnitt reichen Sie eine besondere Brotsorte (z. B. mit Nüssen, Trauben oder Sonnenblumenkernen).
- Zu Kaviar und geräuchertem Lachs gibt es Blini (Pfannkuchen), Zitronenviertel und Crème fraîche.
- Und den Obstkuchen verfeinern Sie mit Crème fraîche oder einem Tupfer Sahne.

Für welches Rezept entscheide ich mich nur?

- Überlegen Sie, wie viel Zeit Ihnen zur Verfügung steht. Manches lässt sich am Vortag zubereiten, sodass Sie wertvollen Freiraum für den Abend gewinnen (Hinweise dazu finden Sie bei den Rezepten). Es empfiehlt sich, immer etwas mehr Zeit einzuplanen, nicht, dass Sie noch mit Topf und Pfanne hantieren, wenn die Angebetete schon vor der Tür steht. Das macht nervös und trübt die Stimmung.
- Entscheiden Sie sich für Gerichte, die sich nicht allzu sehr ähneln. Servieren Sie also nicht etwa einen Kuchen als Vorspeise und dann wieder zum Dessert.
- Wählen Sie Gerichte bzw. Zutaten, die zur Jahreszeit passen (alles in allem ist es viel angenehmer, im Winter warm und im Sommer kalt zu essen).

Das passende Rezept zur passenden Frau

Zugegeben, die Liste ist nicht vollständig und nur als Orientierungshilfe zu betrachten. Letztlich müssen Sie Ihrer Intuition folgen (doch, die haben Sie) und selbst entscheiden, womit Sie die Dame bezirzen möchten und wie Sie ihr zeigen, dass Sie all ihre Wünsche erraten …

Die Trendige

Gerichte, die in sind, originell und modern; eine Mischung gewagter kulinarischer Reize, die ihr zeigen, dass Ihnen nie ein angesagter Trend entgeht.

Tomatenstreusel mit Parmesan
Einseitig gebratener Lachs mit Orangen-Vinaigrette
Apfeltaschen mit Rosinen und Honig

Die Diätbewusste

Keine oder nur wenig Sahne, Butter, und Ähnliches – damit wäre der Abend gelaufen. Servieren Sie leichte Gerichte, die sie ohne schlechtes Gewissen genießen kann.

Champignonsalat mit Kräutern
Gebackene Lachsfilets mit Ingwer
Orangensalat

Die Lebenslustige

Bei Tisch (und auch sonst) möchte sie vor allem Spaß haben. Bieten Sie ihr also Essgenuss ohne Grenzen und schlemmen Sie hemmungslos.

Chicorée-Ziegenkäse-Törtchen
Schweinemedaillons mit Roquefortsoße
Torteletts mit Nuss-Nugat-Creme

Die Stilvolle

Keine Panik! Nicht Austern, Hummer oder Krebse sind es, die ihr Herz erfreuen, sondern klassische Gerichte, die für sichere Werte stehen.

Spargel mit cremiger Senfsoße
Entenbrustfilet mit Honig-Orangen-Soße
Apfeltörtchen

Die Weltoffene

Ein bisschen Boheme, ein bisschen bürgerlich. Auch beim Essen lässt sie sich gern mit auf Reisen nehmen. Spezialitäten aus fernen Ländern und exotische Gewürze ziehen sie magisch an. Bioprodukte könnten ebenfalls die richtige Saite in ihr anschlagen.

Zucchini mit Schafskäse-Minze-Füllung
Schweinefilet indonesischer Art
Apfel-Dattel-Streusel

Die Vegetarierin

Chicoréesalat mit Mimolette und Feigen
Nudeln mit Zitronensoße und Parmesan
Erdbeer-Bananen-Päckchen

Bei ihr sagen Sie Adieu zu Fleisch, Geflügel und Fisch. Tiere gehören nun mal nicht in den Kochtopf. Tja, ganz so einfach ist die Sache leider nicht! Vegetarismus zeigt die verschiedensten Ausprägungen. Veganer z. B. verzichten auf alle tierischen Produkte, also auch auf Milchprodukte und Eier. Am besten erkundigen Sie sich vorher bei Ihrer Dame, welche Beschränkungen sie sich auferlegt hat. Vielleicht sind diese auch religiöser Natur. Wenn Sie Jüdin oder Muslimin ist, dürfen Sie ihr nichts vom Schwein servieren, weder Fleisch noch Schinken noch Speck noch Würstchen, sonst riskieren Sie einen (vielleicht folgenschweren) Fauxpas.

Jetzt gehen wir einkaufen

- Schreiben Sie sich einen Einkaufszettel, damit Sie nichts vergessen.
- Gehen Sie am Vortag oder am Morgen vor dem Rendezvous einkaufen, falls Sie nicht alles in einem Laden bekommen. Außerdem lässt sich vieles bereits vorbereiten.
- Wenn Sie genügend Zeit haben, gehen Sie zum Metzger bzw. zum Käse-, Obst- oder Gemüsehändler. Er wird Sie gern beim Kauf der Zutaten beraten. Wenn das nicht möglich ist, tuts auch der Supermarkt um die Ecke.
- Wenn Sie kein Weinkenner sind, gehen Sie zu einem Weinhändler und verraten Sie ihm, was Sie als Hauptgang servieren werden. Er wird Ihnen sicher einen guten Wein empfehlen und vielleicht ein paar Fachausdrücke verraten, die Sie dann am Abend geschickt in das Gespräch einflechten können.

- Kaufen Sie das Brot beim Bäcker, das garantiert nicht nur Frische, sondern auch eine große Auswahl.

Wo gibts was im Supermarkt?

Damit Sie sich im Labyrinth des Supermarkts zurechtfinden.

- Obst, Gemüse, Salat und frische Kräuter (Minze, Schnittlauch, Basilikum usw.) sind in einer Abteilung zu finden.
- Gewürze, wie Salz und Pfeffer, sowie getrocknete Kräuter stehen meist im selben Regal.
- Fleisch und Fisch finden Sie in der Selbstbedienungsabteilung oder an der Fleischtheke. Dort können Sie die Ware auch vom Personal in passende Stücke oder Scheiben schneiden lassen.
- Milchprodukte (Butter, Käse, Crème fraîche, Schlagsahne usw.) sind im Kühlregal zu finden. Manche Supermärkte haben eine eigene Käsetheke, in der Sie alles finden, was das Herz begehrt.
- Auch für abgepackte Fleisch- und Wurstwaren (Schinken, Streichwurst usw.) gibt es normalerweise eine eigene Abteilung, ebenso wie für Teigwaren (nicht nur »einfache« Nudeln, sondern z. B. auch gefüllte Ravioli).
- Nudeln, Reis und Soßen stehen oft nebeneinander im Regal. In der Nähe finden Sie normalerweise auch das Regal mit exotischen Produkten (Sojasoße, Kokosmilch usw.).
- Große Supermärkte glänzen darüber hinaus oft mit einem Regal, in dem Sie Delikatessen (z. B. Muscheln) und fernöstliche Zutaten (z. B. asiatische Soßen und Nudeln) finden.
- In der Nähe des Zuckerregals finden Sie meist auch die Backzutaten (Rosinen, geriebene Mandeln, Nüsse, Kokosflocken usw.).

Was gibts sonst noch zu beachten?

- Halten Sie zum Trocknen Küchenpapier, zum Warm- und Frischhalten der Gerichte und Zutaten Alu- und Klarsichtfolie bereit.
- Öfen und Herde funktionieren nicht alle gleich. Behalten Sie Pfanne, Topf und Ofen im Auge. Wenn es angebrannt riecht, schalten Sie den Ofen bzw. Herd aus und nehmen Sie die Pfanne oder den Topf vom Herd (evtl. ist noch was zu retten).
- Lesen Sie das ganze Rezept, bevor Sie mit dem Kochen beginnen und legen Sie es in Reichweite. Das schützt vor Überraschungen.
- Es empfiehlt sich, die benötigten Utensilien griffbereit zu haben und alle Zutaten abzuwiegen und vorzubereiten.
- Wenn Sie keine Küchenuhr besitzen, schauen Sie zur Kontrolle der Koch- und Garzeiten einfach auf Ihre Armbanduhr.
- Achten Sie unbedingt auf die Haltbarkeitsdaten, insbesondere bei leicht verderblichen Zutaten wie abgepacktem Fleisch.

Tischlein deck dich!

- Mit einem schön gedeckten Tisch sammeln Sie Ihre ersten Punkte. Das bedeutet nicht, dass Sie Omas Silberbesteck rauskramen müssen. Wichtiger sind Details – hübsche Papierservietten oder Kerzen (selbst Teelichter) schaffen eine romantische Atmosphäre.
- Stellen Sie Salz, Pfeffer, Wasser (in der Flasche oder in einer Karaffe) und Brotscheiben, die Sie in einem Korb oder auf einem kleinen Teller anrichten, auf den Tisch.
- Das Messer rechts, die Gabel links, den Teller in die Mitte. Gut, das wissen Sie. Denken Sie aber auch daran, dass die Messerschneide zum Teller und die Gabelzinken in die Tischmitte zeigen.
- Stellen Sie ein Wasser- und ein Weinglas, zu jedem Gedeck.
- Legen Sie das Besteck für das Dessert (kleiner Löffel oder Messer und Gabel, je nachdem was es gibt) erst auf, wenn Sie den Nachtisch servieren.

Am Tag X, kurz vor der Stunde null

- Damit der Abend den erhofften Verlauf nimmt und damit Sie Ihren Gast nicht alle 2 Minuten allein lassen müssen, sollten Sie sich ein wenig organisieren. Sie könnten ihr etwa vorschlagen, Ihnen in der Küche Gesellschaft zu leisten, aber nur, wenn Sie das nicht nervös macht.
- Bereiten Sie so viel wie möglich vor, das spart nicht nur Zeit, sondern ist auch gut gegen Lampenfieber.
- Decken Sie den Tisch, bevor Ihre Herzdame kommt, dann können Sie den Aperitif entspannt mit ihr genießen.
- Wenn Käse auf Ihrem Menüplan steht, nehmen Sie ihn vor dem Diner aus dem Kühlschrank, da er kalt an Geschmack verliert.
- Muss das Hauptgericht mehr als 15 Minuten kochen oder braten, beginnen Sie damit in dem Moment, in dem Sie den ersten Gang auftragen (oder Sie warten bis zum Ende des ersten Ganges, ein gutes Essen ist schließlich kein Wettlauf).
- Am Tisch schenken Sie den Wein nach. Wasser darf sich Madame selbst eingießen.
- Ganz wichtig: Legen Sie nach jedem Gang neue Teller auf, die Dame möchte ihr süßes Dessert sicher nicht mit Fischgeschmack »verfeinert«.
- Garnieren Sie die Teller in der Küche, bevor Sie sie auf den Tisch stellen. Auch das können Sie schon arrangieren, bevor Ihre Angebetete vor der Tür steht (natürlich nur, wenn die Garnitur nicht aus Salat besteht, der bis zum Servieren zusammenfällt).

APPETITHÄPPCHEN

(Nein, damit ist nicht Ihre Angebetete gemeint)

Bei uns hats gefunkt

Marie hat mit mir gewettet, dass sie die Rezeptzutaten errät. Sie hat verloren! (Wetteinsatz: unser erster Kuss.) **Christoph, 39 Jahre, Heizungsmonteur**

Sabine hatte mit Kartoffelchips und Erdnüssen gerechnet. Ich hab ganz schön gepunktet! **Thomas, 47 Jahre, Rechtsanwalt**

Mit meinen raffinierten Häppchen habe ich Lenas Herz im Sturm erobert. **Peter, 22 Jahre, Abteilungsleiter**

Als
ich ihr meinen
Aufstrich servierte,
schien Victoria zunächst
enttäuscht. Sie hat wohl an
ihre Linie gedacht. Doch dann
hat sie meine Thunfischpaste
regelrecht verschlungen.
Klaus, 30 Jahre,
Deutschlehrer

Das
Essen war
heiß und delikat ...
Karoline konnte gar
nicht widerstehen.
Jan, 35 Jahre,
Werbetexter

Roquefort-Butter mit Rosinen

Die Liaison mit der Butter verleiht dem Roquefort einen milderen Geschmack, die süßen Rosinen machen das Glück perfekt.

Zutaten

- 50 g Butter
- 50 g Roquefort
- ½ Baguette
- 1 Handvoll Rosinen

Wahlweise:
1 Teelöffel Portwein

Utensilien

- 1 Schüssel
- 1 Gabel
- 1 Messer

Zeitaufwand

10 Minuten

Zubereitung

Die Butter und den Roquefort (mit dem Portwein, wenn gewünscht) in eine Schüssel geben und mit einer Gabel zerdrücken, sodass eine homogene Masse entsteht.

Das Baguette in dünne Scheiben schneiden, vor dem Servieren mit der Roquefort-Butter bestreichen und mit jeweils einer Rosine garnieren.

Damit am großen Tag keine Hektik ausbricht

Die Roquefort-Butter können Sie bereits zwei Tage vor Ihrem Date zubereiten. In Alu- oder Frischhaltefolie wickeln und in den Kühlschrank stellen. Finger weg!

Gebratene Ravioli

Bei diesem Appetithäppchen wird sie Augen machen.

Zutaten

- ½ Packung frische Ravioli mit Käsefüllung (finden Sie im Supermarkt im Kühlregal)
- 1 Esslöffel Öl

Utensilien

- 2 Teller
- Küchenpapier
- 1 beschichtete Pfanne
- 1 Herd
- 1 Gabel
- 1 Servierplatte (falls Sie so etwas nicht besitzen, tuts auch ein großer Teller)

Zeitaufwand

10 Minuten

Zubereitung

Die beiden Teller mit Küchenpapier auslegen. Die Ravioli aus der Packung nehmen und vorsichtig voneinander lösen.

Das Öl in die Pfanne gießen und kurz auf höchster Stufe erhitzen. Wenn es heiß ist (nach etwa 1 Minute), die Ravioli in die Pfanne geben. Etwa 2 Minuten anbraten, bis sie goldgelb sind.

Mit der Gabel alle Ravioli einzeln wenden und die andere Seite ebenfalls goldgelb braten.

Die Ravioli auf dem Küchenpapier verteilen, damit das überschüssige Öl aufgesaugt wird. Auf einer Servierplatte anrichten und sofort servieren.

Bündner-Fleisch-Röllchen mit Feigenfüllung

Hört sich kompliziert an, ist aber im Handumdrehen zubereitet.

Zutaten

- 3 getrocknete Feigen (oder eine Handvoll Rosinen)
- 6 kleine dünne Scheiben Bündner Fleisch (gepökeltes, luftgetrocknetes Rindfleisch, das Sie in der Fleischwarenabteilung im Supermarkt oder beim Metzger bekommen)
- 75 g Frischkäse

Utensilien

- 1 Gemüsemesser
- 1 Küchenbrett
- 1 Messer

Zeitaufwand

10 Minuten

Zubereitung

Die Feigen entstielen und mit dem Gemüsemesser in kleine Stücke schneiden.

Das Bündner Fleisch auf einem Küchenbrett auslegen und jede Scheibe mit Frischkäse bestreichen. Die Feigenstücke oder Rosinen daraufgeben und das Ganze zu einer Roulade aufrollen.

Damit am großen Tag keine Hektik ausbricht

Die Fleischröllchen können Sie schon am Vortag zubereiten. Auf einen Teller legen, mit Frischhaltefolie bedecken und ab in den Kühlschrank.

Gefüllte Minitomaten

Verwandlungskünstler, dessen Zubereitung etwas knifflig ist.

Zutaten

- 12 Kirschtomaten (kleine, sehr aromatische Tomaten)
- ½ Zitrone
- 50 g Taramas (Fischrogencreme; gibts im griechischen Lebensmittelladen) **oder** 50 g Frischkäse **oder** 50 g Olivenpaste (gibts im italienischen oder französischen Lebensmittelladen, wenn nicht: auf ins Internet)

Utensilien

- 1 Gemüsemesser
- 1 Teelöffel
- 1 Teller
- 1 Zitronenpresse
- 1 Schüssel
- 1 Schneebesen

Zeitaufwand

15 Minuten

Zubereitung

Von den Tomaten (beim Stielansatz) einen Deckel abschneiden. Mit dem Teelöffel vorsichtig das Fruchtfleisch und die Kerne herauslösen. Die Tomaten mit der Öffnung auf einen Teller legen und abtropfen lassen. Die Zitrone auspressen und den Saft in eine Schüssel gießen (nicht vergessen: Kerne entfernen!). Die Taramas mit dem Zitronensaft verrühren und die Tomaten damit füllen.

Kleiner Tipp: Wenn Sie sich für Frischkäse oder Olivenpaste entscheiden, lassen Sie den Zitronensaft weg.

Thunfischpaste

Nicht nur als Appetitanreger unschlagbar, sondern auch als Vorspeise.

Zutaten

- 10 Schnittlauchstängel
- 1 kleine Dose Thunfisch, (100 g Abtropfgewicht; als leichte Variante können Sie frischen Thunfisch verwenden, Thunfisch in Öl schmeckt etwas milder)
- ½ Zitrone
- 75 g Frischkäse
- ½ Vollkornbaguette

Utensilien

- Küchenpapier
- 1 Gemüsemesser
- 1 Zitronenpresse
- 1 Schüssel
- 1 Teelöffel
- 1 Gabel

Wahlweise:

- 1 Toaster

Zeitaufwand

10 Minuten

Zubereitung

Den Schnittlauch waschen, mit Küchenpapier trockentupfen und in etwa 5 mm dünne Röllchen schneiden. Die Thunfischdose öffnen und über der Spüle abtropfen lassen. Die Zitrone auspressen und den Saft in eine Schüssel gießen (nicht vergessen: Kerne entfernen!).

Schnittlauch (bis auf 1 Teelöffel), Thunfisch und Frischkäse zufügen. Mit einer Gabel zerdrücken und alles vermengen, sodass eine homogene Masse entsteht.

Das Brot mit der Paste bestreichen und mit dem restlichen Schnittlauch bestreuen.

Kleiner Tipp: Ihre Herzdame wird dahinschmelzen, wenn Sie die Brotscheiben vor dem Servieren kurz im Toaster rösten.

Damit am großen Tag keine Hektik ausbricht

Sie können die Paste schon zwei Tage vor Ihrem Rendezvous zubereiten. Bewahren Sie sie in der Schüssel, mit Alufolie abgedeckt, im Kühlschrank auf. Aber nicht naschen!

Vorspeisen

(Die machen garantiert Lust auf mehr)

Bei uns hats gefunkt

Mit italienischen Gerichten erobert man jedes Frauenherz! Liebe geht ja bekanntlich durch den Magen. **Paolo, 25 Jahre, Regisseur**

Melanie wollte nicht glauben, dass ich alles selbst zubereitet habe. Ich musste ihr die Rezepte auswendig aufsagen. **Felix, 19 Jahre, Student**

Steffi ist Expertin für Tiefkühlgerichte, ansonsten hat sie mit Kochen nichts am Hut. Ich bin jetzt ihr Held. **Nick, 27 Jahre, Übersetzer**

»Das
war besser als im
Restaurant. Du steckst
wirklich voller Überra-
schungen!« Und das war
nicht das einzige Kompli-
ment, das mir Miriam an die-
sem Abend gemacht hat.
**Michael, 41 Jahre,
Schriftsteller**

Bei
den Streuseln
ist Angela dahin-
geschmolzen.
**Manuel, 28 Jahre,
Informatiker**

Süß
und sauer, das
ist Nadja. Nach mei-
nem Essen war sie
den ganzen Abend
über zuckersüß.
**Henrik, 32 Jahre,
Verkäufer**

Tomatenstreusel mit Parmesan

Sie mag Butterstreusel? Dann wird sie diese Variante lieben!

Zutaten

- 4 Tomaten
- 1 Teelöffel Öl
- ½ Teelöffel Salz
- 2 Esslöffel weißer Balsamico (sehr milder Essig, den Sie im Supermarkt im Öl- und Essigregal finden)
- 5 Basilikumblättchen
- 50 g weiche Butter
- 100 g Mehl
- 50 g geriebener Parmesan

Utensilien

- 1 Backofen
- 1 Gemüsemesser
- 1 Teelöffel
- 1 feuerfeste Auflaufform
- 1 Schüssel
- 1 Gitterrost
- 1 Geschirrtuch

Zeitaufwand

20 Minuten Vorbereitungszeit
15 bis 20 Minuten Backzeit

Zubereitung

Den Backofen auf 180 °C (Gas: Stufe 2) vorheizen. Die Tomaten waschen, die Stielansätze herausschneiden und das Gemüse in Viertel schneiden. Kerne und Fruchtfleisch mit dem Teelöffel entfernen. Die Viertel in kleine Würfel schneiden. Das Öl in der Auflaufform verteilen. Die Tomatenwürfel darübergeben, salzen, mit etwas Balsamico beträufeln und gut durchmischen. Die Basilikumblättchen waschen, trockentupfen, fein schneiden (bis auf 2 Blättchen, die für die Dekoration verwendet werden) und über die Tomaten streuen.

Die Butter in kleine Stückchen schneiden und mit dem Mehl und dem Parmesan in eine Schüssel geben. Mit den Fingern kneten, bis Mehl und Parmesan gut mit der Butter vermengt sind. Die Masse zwischen den Handflächen zerreiben, sodass Streusel entstehen. Die Streusel über die Tomaten verteilen. Die Auflaufform auf dem Gitterrost in den Ofen schieben und die Streusel 15 bis 20 Minuten goldbraun backen. In dieser Zeit ab und zu nachsehen, ob sie nicht zu dunkel werden. Sollte das der Fall sein, die Temperatur auf 150 °C (Gas: Stufe 2) reduzieren. Sind die Streusel nach 20 Minuten nicht goldbraun, die Temperatur auf 210 °C (Gas: Stufe 4) erhöhen.

Die Auflaufform mit einem Geschirrtuch aus dem Ofen nehmen. Die Streusel 5 Minuten abkühlen lassen und mit dem restlichen Basilikum garnieren.

Damit am großen Tag keine Hektik ausbricht

Sie können alles am Vortag vorbereiten (aber noch nicht würzen). In Frischhaltefolie wickeln und getrennt im Kühlschrank aufbewahren.

Chicorée-Ziegenkäse-Törtchen

Geschmackliche Achterbahnfahrt – Honig meets Chicorée.

Zutaten

- 2 Chicorées
- 20 g Butter
- 1 Prise Salz
- 1 Teelöffel Honig
- 120 g Ziegenkäse
- 1 Rolle Blätterteig (gibts im Supermarkt im Kühlregal und ist praktisch, denn der Teig ist in Backpapier gerollt, das als Backunterlage dient)

Utensilien

- 1 Backofen
- 1 Gemüsemesser
- Küchenpapier
- 1 beschichtete Pfanne
- 1 Herd
- 1 Teelöffel
- 1 Pfannenwender
- 1 Küchenbrett
- 1 kleine Schüssel
- 1 Backblech

Zeitaufwand

10 Minuten Vorbereitungszeit
15 Minuten Garzeit
10 bis 15 Minuten Backzeit

Zubereitung

Den Backofen auf 200 °C (Gas: Stufe 3) vorheizen.

Die Chicorées halbieren, den bitteren Strunk herausschneiden, die Blätter lösen, kalt abbrausen und mit Küchenpapier trockentupfen.

Die Butter in der Pfanne bei milder Hitze zerlassen. Salz und Honig unterrühren. Die Chicoréeblätter unterheben. 15 Minuten bei

milder Hitze garen (gelegentlich umrühren), bis sie glasig und weich sind.

Den Ziegenkäse in ca. 5 mm dicke Scheiben schneiden. Den Blätterteig auf dem Küchenbrett ausrollen. Die Schüssel mit der Öffnung auf den Teig stellen, nahe an den Rand, und kräftig drücken, um einen Kreis aus dem Teig zu stechen (evtl. mit dem Messer etwas nachhelfen, ohne das Papier zu durchtrennen). Den Vorgang wiederholen. Die überschüssigen Teigränder abziehen, sodass zwei Teigkreise auf dem Papier zurückbleiben. Die Chicoréeblätter über den Blätterteig verteilen und die Käsescheiben darüberlegen.

Die Törtchen mit dem Papier auf dem Backblech in den Ofen schieben und 10 bis 15 Minuten backen. Wenn der Teig an den Rändern braun wird, die Temperatur auf 180 °C (Gas: Stufe 2) reduzieren. Die Törtchen sind fertig, wenn der Ziegenkäse zerlaufen und goldbraun ist. Die Törtchen aus dem Ofen nehmen und mit dem Pfannenwender auf 2 Teller legen.

Damit am großen Tag keine Hektik ausbricht

Sie können die Chicoréeblätter am Vortag garen und in einer Schüssel, mit Frischhaltefolie abgedeckt, im Kühlschrank aufbewahren.

Panierter Ziegenkäse mit Nüssen

Fantasievolle Variante des Klassikers »Warmer Ziegenkäse auf Salat«.

Zutaten

- 8 Esslöffel geriebene Haselnüsse (gibts im Supermarkt im Backwarenregal)
- 1 Ei
- 2 Scheiben Ziegenkäse
- 2 Handvoll gemischter Blattsalat, z. B. grüner Salat, Rucola und Radicchio (Salatmischungen gibts auch abgepackt im Supermarkt)
- 5 Esslöffel Öl
- 1 Esslöffel Essig

Wahlweise:

- 4 Haselnüsse zur Dekoration

Utensilien

- 1 Esslöffel
- 1 Teller
- 1 kleine Schüssel
- 1 Gabel
- 1 kleines scharfes Messer
- 1 Salatschüssel
- 1 beschichtete Pfanne
- 1 Herd
- 1 Pfannenwender

Wahlweise:

- Küchenpapier

Zeitaufwand

15 Minuten Zubereitungszeit
4 bis 6 Minuten Garzeit

Zubereitung

Die geriebenen Nüsse (bis auf 1 Esslöffel) auf den Teller streuen. Das Ei in die kleine Schüssel schlagen und mit der Gabel gut verquirlen.

Den Ziegenkäse quer durchschneiden (so macht man aus 2 Scheiben 4).

Den Salat putzen, in mundgerechte Stücke teilen (das erübrigt sich natürlich bei der Fertigpackung), waschen, trockenschütteln und in die Salatschüssel geben. 3 Esslöffel Öl und den Essig angießen und gut mit dem Salat vermischen. Den Salat auf 2 Tellern anrichten.

Die Ziegenkäsescheiben so im verquirlten Ei wenden, dass sie gleichmäßig damit bedeckt sind. Anschließend in den geriebenen Nüssen wenden, sodass der Käse rundum paniert ist.

Das restliche Öl in einer Pfanne bei starker Hitze erwärmen. Die Ziegenkäsescheiben hineingeben und auf beiden Seiten bei mittlerer Hitze jeweils 2 bis 3 Minuten anbraten, bis die Kruste knusprig braun ist.

Den Käse auf dem Salat anrichten, mit den restlichen geriebenen Nüssen bestreuen und jeweils mit einer ganzen Haselnuss garnieren.

Spargel mit cremiger Senfsoße

Essig-Öl-Dressing? Wie langweilig!

Zutaten

- 500 g weiße Spargelstangen (dick, mittel oder dünn, was Ihnen – oder besser ihr – am liebsten ist)
- 1½ Teelöffel Salz
- 1 Spritzer Zitronensaft
- 3 Esslöffel Crème fraîche
- 2 Teelöffel körniger Senf
- ½ Teelöffel Paprikapulver (gibts im Gewürzregal; aber Vorsicht: nicht den rosenscharfen nehmen) **oder** 1 Prise Pimentpulver (gibts im selben Regal)

Utensilien

- 1 Gemüseschäler
- 1 großer Topf
- 1 Teelöffel
- 1 Herd
- 1 Esslöffel
- 1 kleine Schüssel
- 1 Gemüsemesser
- 2 Gabeln

Zeitaufwand

15 Minuten Vorbereitungszeit
15 bis 25 Minuten Garzeit

Zubereitung

Den Spargel schälen. Dabei knapp unter der Spitze (das dünne, weiche Ende des Spargels) beginnen und die Schale nach unten abziehen, wobei die empfindliche Spitze nicht beschädigt werden sollte.

Den Topf zu etwa zwei Dritteln mit Wasser füllen. Das Wasser mit 1 Teelöffel Salz und dem Zitronensaft zum Kochen bringen. Den

Spargel hineingeben und je nach Stangendicke 15 bis 25 Minuten garen.

Inzwischen die Crème fraîche, den Senf und das restliche Salz mit dem Esslöffel in der Schüssel verrühren. Um zu prüfen, ob der Spargel gar ist, einige Stängel mit der Messerspitze anstechen. Sie muss den Spargel mühelos durchdringen. (Sie können natürlich auch einfach 1 oder 2 Stängelchen probieren.) Den Spargel mit den Gabeln vorsichtig aus dem Topf nehmen, etwas abtropfen lassen und auf 2 Teller verteilen. Die Senfsoße darübergeben und alles mit dem Paprikapulver bestäuben.

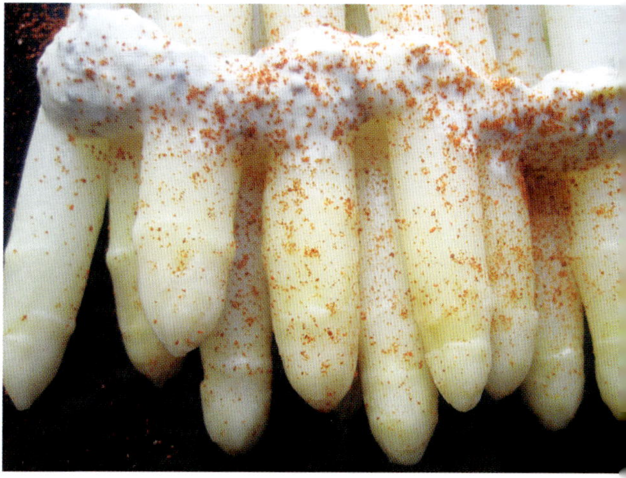

Damit am großen Tag keine Hektik ausbricht

Die Soße können Sie am Vortag zubereiten (die Schüssel mit Frischhaltefolie abdecken und in den Kühlschrank stellen). Am gemeinsamen Abend können Sie den Spargel schon garen, bevor Ihr Herzblatt vor der Tür steht, denn er schmeckt auch kalt. Außerdem haben Sie ja noch Ihre Mikrowelle …

Gurkenscheiben mit Schnittlauchcreme

Knackig und erfrischend – ein Hochgenuss für die Sinne.

Zutaten

- 10 Schnittlauchstängel
- 2 Esslöffel Crème fraîche
- ½ Teelöffel Salz
- 1 Gurke

Utensilien

- Küchenpapier
- 1 Gemüsemesser
- 1 Esslöffel
- 1 Teelöffel
- 1 kleine Schüssel
- 1 Gemüseschäler
- 1 Salatschüssel

Zeitaufwand

10 Minuten

Zubereitung

Den Schnittlauch waschen, mit Küchenpapier trockentupfen und mit dem Messer in ca. 5 mm große Röllchen schneiden. Créme fraîche, Schnittlauch und Salz mit dem Löffel in der kleinen Schüssel verrühren. Die Gurke schälen, in ca. 5 mm dicke Scheiben schneiden und in die Salatschüssel geben. Die Schnittlauchcreme zufügen und alles gut vermischen.

Kleiner Tipp: Anstelle von Schnittlauch können Sie auch Minzeblättchen (4 Blättchen genügen, Minze ist sehr geschmacksintensiv), 10 Korianderblättchen oder 10 Kerbelblättchen verwenden. Gibts alles im Supermarkt.

Filoteigtaschen mit Ziegenkäse und Oliven

Filoteigblätter, Ziegenkäse, Oliven – eine kulinarische Urlaubsreise.

Zutaten

- 10 entsteinte Oliven
- 2 Scheiben Ziegenkäse
- 2 Filoteigblätter (hauchdünner Strudelteig, den Sie in orientalischen Lebensmittelgeschäften bekommen; die Teigblätter werden normalerweise im 10er-Pack verkauft und sind lange haltbar)
- 2 Handvoll Salat (gibts fix und fertig im Supermarkt)
- 5 Esslöffel Öl
- 1 Esslöffel Essig

Utensilien

- 1 Gemüsemesser
- 1 Küchenbrett
- 1 Sieb
- 1 Salatschüssel
- 2 Esslöffel
- 1 beschichtete Pfanne
- 1 Herd
- 1 Pfannenwender

Zeitaufwand

15 Minuten Vorbereitungszeit
4 bis 6 Minuten Garzeit

Zubereitung

Die Oliven halbieren. Den Ziegenkäse quer durchschneiden (so werden aus 2 Scheiben 4).

Die Filoteigblätter aus der Verpackung nehmen. Die Blätter sind durch Papier voneinander getrennt, damit sie nicht zusammenkleben. Ein Blatt vorsichtig herauslösen und auf das Küchenbrett legen. Den Ziegenkäse und die Oliven daraufgeben. Den Teig zu einem

Rechteck zusammenlegen. Den Vorgang mit dem zweiten Filoteigblatt wiederholen.

Den Salat waschen, im Sieb abtropfen lassen und in die Salatschüssel geben. 3 Esslöffel Öl und den Essig darübergießen und alles gut mit den Löffeln verrühren. Den Salat auf 2 Teller verteilen.

Das übrige Öl in der Pfanne auf mittlerer Stufe erhitzen und die Teigtaschen hineinlegen. 2 bis 3 Minuten braten, bis sie knusprig und goldbraun ist. Vorsichtig wenden und weitere 2 bis 3 Minuten braten. Die Teigtaschen auf das Küchenbrett legen, schräg durchschneiden (sodass zwei Dreiecke entstehen), auf den Salat legen und servieren.

Tomatenbruschetta

Ein Hauch von Sommer, Sonne, Italien.

Zutaten
- 2 vollreife Tomaten
- 16 Basilikumblättchen
- 4 Esslöffel Olivenöl
- 1 Knoblauchzehe
- ½ Baguette
- Salz und Pfeffer

Utensilien
- Küchenpapier
- 1 Gemüsemesser
- 1 Schüssel
- 1 Esslöffel
- 1 Toaster
- 1 Küchenbrett

Zeitaufwand
20 Minuten

Zubereitung
Die Tomaten waschen, trockentupfen und die Stielansätze herausschneiden. Das Gemüse vierteln, die Kerne mit dem Messer entfernen, das Fruchtfleisch in kleine Würfel schneiden und in die Schüssel geben. Die Basilikumblättchen waschen und trockentupfen. Die Hälfte der Blättchen in feine Streifen schneiden und über die Tomaten streuen. 2 Esslöffel Öl untermischen. Die Knoblauchzehe abziehen und fein hacken. Das Baguette in 8 Scheiben schneiden und toasten. Auf ein Küchenbrett legen, auf einer Seite mit dem Knoblauch einreiben und mit dem restlichen Öl beträufeln. Die Brotscheiben auf 2 Teller legen, die Tomatenwürfel darübergeben, salzen, pfeffern und mit den restlichen Basilikumblättchen garnieren.

Champignonsalat mit Kräutern

Eine Zusammenkunft, die erlesene Gaumenfreuden verspricht.

Zutaten

- 8 Schnittlauchstängel
- 5 Basilikumblättchen
- 5 Minzeblättchen
- 100 g Champignons
- 50 g hauchdünn geschnittener Emmentaler (macht das Personal im Supermarkt)
- 1 Esslöffel Essig
- 4 Esslöffel Öl
- Pfeffer und Salz

Utensilien

- Küchenpapier
- 1 Gemüsemesser
- 1 Küchenbrett
- 1 Schüssel
- 1 Esslöffel

Zeitaufwand

15 Minuten

Zubereitung

Die Kräuter waschen und trockentupfen. Einen Teil der Kräuter beiseite legen. Den Schnittlauch in feine Röllchen, das Basilikum und die Minze in feine Streifen schneiden.

Die Champignons mit Küchenpapier gut abreiben (Erde als Beilage kommt bei ihr bestimmt nicht so gut an) und die Enden der Pilzfüße abschneiden. Die Champignons auf dem Küchenbrett in hauchdünne Scheiben schneiden (senkrecht vom Pilzhut abwärts).

Den Käse in kleine Stücke schneiden. Essig und Öl in die Schüssel gießen und mit dem Löffel verrühren.

Champignons, Kräuter und Käse untermischen. Mit Salz und Pfeffer würzen und den Salat mit den beiseite gestellten Kräutern garnieren.

Kleiner Tipp: Wenn Sie nicht alle Kräuter bekommen, können Sie auch eine andere Mischung zusammenstellen, z. B. Kerbel, Petersilie und Estragon. Wichtig ist, dass es verschiedene Kräuter sind.

Blauschimmelkäse-Birnen-Törtchen

Die Süße der Birne zähmt den kräftigen Geschmack des Käses.

Zutaten

- ½ Birne
- ½ Zitrone
- 100 g Blauschimmelkäse
- 1 Rolle Blätterteig (gibts im Supermarkt im Kühlregal und ist praktisch, denn der Teig ist in Backpapier gerollt, das als Backunterlage dient)

Utensilien

- 1 Backofen
- 1 Gemüsemesser
- 1 Gemüseschäler
- 1 Zitronenpresse
- 1 Backblech
- 1 kleine Schüssel
- 1 Pfannenwender

Zeitaufwand

20 Minuten Vorbereitungszeit
15 Minuten Garzeit

Zubereitung

Den Backofen auf 200 °C vorheizen (Gas: Stufe 3).

Die Birnenhälfte entkernen. Mit dem Gemüseschäler 4 hauchdünne Scheibchen von der Birne abziehen (Finger weg, das ist die Dekoration!). Die Frucht in der Mitte längs durchschneiden. Die Viertel schälen und in kleine Stücke schneiden.

Die Zitrone auspressen (Kerne entfernen!) und die Birnenstücke mit dem Saft beträufeln, damit das Fruchtfleisch nicht braun wird.

Den Käse in etwa 3 mm dicke Scheiben schneiden. Den Teig auf dem Backblech ausrollen. Die Schüssel mit der Öffnung auf den Teig stellen, nahe an den Rand, und kräftig drücken, um einen Kreis aus dem Teig zu stechen (evtl. mit dem Messer etwas nachhelfen, ohne das Papier zu durchtrennen). Diesen Vorgang wiederholen. Den überschüssigen Teig entfernen.

Wenn der Ofen die Backtemperatur erreicht hat, das Backblech hineinschieben und die Törtchen 5 Minuten backen. Das Blech aus dem Ofen nehmen und auf eine feuerfeste Unterlage legen. Sollte der Blätterteig aufgegangen sein, vorsichtig mit dem Pfannenwender etwas herunterdrücken. Die Birnenstücke auf den Teig legen und alles nochmals 5 Minuten im Ofen backen. Das Blech aus dem Ofen nehmen und auf eine feuerfeste Unterlage legen. Die Käsescheiben auf die Törtchen legen und … genau, wieder 5 Minuten backen. Die Törtchen aus dem Ofen nehmen, mit dem Pfannenwender vorsichtig auf 2 Teller gleiten lassen und mit den Birnenscheibchen garnieren.

Kleiner Tipp: Nehmen Sie die Blätterteigrolle etwa 1 Stunde, bevor Sie mit dem Kochen beginnen aus dem Kühlschrank. Sie lässt sich leichter ausrollen, wenn sie Zimmertemperatur hat.

Zucchini mit Schafskäse-Minze-Füllung

Eine Vorspeise, die nach Griechenland duftet. Wenn Sie die Zutatenmenge verdoppeln, wird daraus ein vegetarisches Hauptgericht.

Zutaten
- 1 Zucchini
- 8 Minzeblättchen
- 100 g Schafskäse (genau, im Kühlregal im Supermarkt zu finden oder im griechischen Lebensmittelgeschäft)
- 2 Esslöffel Olivenöl

Utensilien
- 1 Backblech
- Alufolie
- 1 Backofen
- 1 Geschirrtuch
- 1 Gemüsemesser
- 1 Teelöffel
- 1 kleine Schüssel
- 1 Esslöffel

Zeitaufwand
20 Minuten Vorbereitungszeit
20 Minuten Backzeit

Zubereitung
Das Backblech mit Alufolie auslegen. Den Backofen auf 180 °C vorheizen (Gas: Stufe 2).

Die Zucchini waschen, mit dem Geschirrtuch trockentupfen und in Längsrichtung halbieren. Beide Hälften mit dem Teelöffel aushöhlen (wir brauchen Platz für die Füllung).

Die Minzeblättchen waschen, trockentupfen und in feine Streifen schneiden (bis auf 4 Blättchen zum Garnieren).

Den Schafskäse in kleine Würfel schneiden und mit der Minze und dem Öl in der Schüssel vermengen. Die Zucchinihälften mit der Käsemischung füllen und die Masse mit dem Teelöffel gut andrücken. Die Zucchini auf das Backblech legen und 20 Minuten backen. Aus dem Ofen nehmen, auf 2 Teller verteilen, jeweils mit 1 Minzeblättchen garnieren und servieren.

Ziegenkäse-Gurken-Rosinen-Häppchen

Erfrischend und originell – so wie der Koch.

Zutaten

- ½ Zitrone
- 3 Esslöffel Olivenöl
- Salz und Pfeffer
- 1 kleine Gurke
- 4 Scheiben Ziegenkäse
- 1 Handvoll Rosinen

Utensilien

- 1 Zitronenpresse
- 1 kleine Schüssel
- 1 Esslöffel
- 1 Gemüsemesser
- 1 Gemüseschäler
- 1 Küchenbrett

Zeitaufwand

20 Minuten

Zubereitung

Die Zitrone auspressen, die Kerne entfernen und den Saft in die Schüssel gießen. Das Öl, 1 Prise Salz und 1 Prise Pfeffer zufügen und alles mit dem Löffel verrühren.

Die Enden der Gurke abschneiden. Die Gurke schälen, auf das Küchenbrett legen und in 12 Scheiben schneiden. Die Ziegenkäsescheiben quer halbieren.

Jeweils abwechselnd 2 Gurkenscheiben und 2 Ziegenkäsescheiben aufeinanderlegen. Darauf wiederum 1 Gurkenscheibe legen. Insgesamt ergibt die Menge 4 Türmchen, zwei für die Dame, zwei für den Herrn. Mit Rosinen bestreuen, mit dem Zitronendressing beträufeln und servieren.

Chicoréesalat mit Mimolette und Feigen

Vorspeise oder Zwischengang – dieser Salat macht stets eine gute Figur.

Zutaten

- 4 getrocknete Feigen
- 1 Teelöffel mittelscharfer Senf
- 1 Esslöffel Essig
- Salz
- 3 Esslöffel Öl
- Pfeffer
- 100 g alter Mimolette (oder Gruyère, Beaufort, Comté)
- 2 Chicorées

Utensilien

- 1 Gemüsemesser
- 1 Küchenbrett
- 1 kleine Schüssel
- 1 Teelöffel
- 1 Schneebesen
- 2 Esslöffel
- 1 Gemüseschäler
- 1 Salatschüssel

Zeitaufwand

15 Minuten

Zubereitung

Die Feigen von den Stielen befreien und auf dem Küchenbrett in feine Scheiben schneiden.

Den Senf in die kleine Schüssel geben und mit dem Essig und 1 Prise Salz verrühren. 1 Esslöffel Öl hinzugeben und erneut verrühren, bis eine einheitliche Masse entsteht. Diesen Vorgang mit dem restlichen Öl wiederholen. Mit Pfeffer abschmecken.

Mit dem Gemüseschäler feine Raspel vom Mimolette ziehen.

Die Chicorées auf das Küchenbrett legen, halbieren und den bitteren Strunk herausschneiden. Die Blätter lösen, kalt abbrausen, mit

Küchenpapier trockentupfen und in mundgerechte Stücke zupfen. Chicoréestücke, Feigenscheiben und Käseraspel in die Salatschüssel geben, das Senfdressing darüber gießen und alles gut mit den beiden Esslöffeln vermischen.

Kleiner Tipp: Servieren Sie Baguette oder Ciabatta (italienisches Weißbrot, gibts beim Bäcker) zum Salat.

Mozzarellakrapfen auf Rucola

Smörrebröd, Smörrebröd, römtömtömtöm …

Zutaten

- 8 Esslöffel Paniermehl (gibts im Supermarkt im Regal mit den Backwaren)
- 1 Ei
- 1 Kugel Mozzarella
- 2 Handvoll Rucola (der Salat hat einen ausgeprägt bitteren Geschmack)
- 5 Esslöffel Olivenöl
- 1 Esslöffel Balsamico (sehr milder Essig, den Sie im Supermarkt im Öl- und Essigregal finden)

Utensilien

- 1 Esslöffel
- 1 Teller
- 1 kleine Schüssel
- 1 Gabel
- 1 Gemüsemesser
- 1 Geschirrtuch
- 1 Salatschüssel
- 1 beschichtete Pfanne
- 1 Herd
- 1 Pfannenwender

Zeitaufwand

15 Minuten Zubereitungszeit
5 Minuten Garzeit

Zubereitung

Das Paniermehl auf dem Teller verteilen. Das Ei in die kleine Schüssel schlagen und mit der Gabel gut verquirlen. Die Mozzarellakugel in 4 Scheiben schneiden.

Den Salat waschen, trockentupfen und in die Salatschüssel geben. 3 Esslöffel Öl dazugießen und gut durchmischen, damit die Blätter ganz vom Öl bedeckt werden. Den Essig untermischen.

Den Salat auf 2 Teller verteilen. Die Mozzarellascheiben im verquirlten Ei wenden, sodass sie vollständig davon bedeckt sind. Die Scheiben im Paniermehl wenden, dabei das Mehl leicht andrücken.

Das übrige Öl in der Pfanne auf höchster Stufe ca. 1 Minute erhitzen. Die Temperatur auf mittlere Stufe zurückstellen und die Mozzarellascheiben in die Pfanne legen. Auf jeder Seiten jeweils 1 bis 2 Minuten braten, bis die Panade goldbraun ist. Die Mozzarellascheiben auf den Salat legen und servieren.

Kleiner Tipp

Wenn Sie sich nicht sicher sind, ob das Öl heiß genug ist, lassen Sie einen Tropfen Wasser in die Pfanne fallen. Wenn er sofort verdampft, ist die richtige Temperatur erreicht.

Hauptgerichte

(Meine Herren,
jetzt wirds interessant!)

Bei uns hats gefunkt

Als ich Helena ganz unverfänglich zum Nudelessen einlud, schien sie mit Ravioli aus der Dose zu rechnen. **Hannes, 20 Jahre, Schauspieler**

Niemals hätte ich gedacht, dass ich eine so schöne Frau wie Julia bezaubern könnte. **Ralf, 41 Jahre, Handwerker**

Claudia steht auf Traditionen. Ich wollte sie beeindrucken, deshalb hab ich ihr erzählt, dass das Rezept von meiner Großmutter stammt und dass sie es nur mir verraten hat. **Bruno, 45 Jahre, Ingenieur**

Marion gestand mir: »Deine Entenbrust hat mir tatsächlich besser geschmeckt als bei meiner Mutter. Schwöre, dass du ihr das niemals verrätst.« **Vincent, 30 Jahre, Fotograf**

Meine Beziehung mit Doris begann mit einer Reise ins Reich der Sinne ... **Paul, 25 Jahre, Künstler**

Nach dem Essen war Laura ziemlich aufgekratzt. Der Ingwer oder mein natürlicher Charme? **Ben, 22 Jahre, Student**

Mit Humor lässt sich jede Frau verführen? Mit Lammkoteletts in Minze funktioniert das auch. **Leon, 31 Jahre, Klempner**

Hühnerbrustfilets mit Paprikasoße

Mit Reis, gebratenen Zucchini oder grünem Salat serviert – ein Hit.

Zutaten

- ½ Zitrone
- 300 g Naturjoghurt (also den weißen, geschmacksneutralen)
- 1 Teelöffel Senf
- 1 Teelöffel Paprikapulver (das milde, nicht das rosenscharfe)
- Salz und Pfeffer
- 2 Hühnerbrustfilets ohne Haut (gibts beim Metzger)
- 10 Korianderblättchen
- 1 Esslöffel Öl

Utensilien

- 1 Zitronenpresse
- 1 kleine Schüssel
- 1 Teelöffel
- 1 Esslöffel
- 1 Teller
- Küchenbrett
- Küchenpapier
- 1 beschichtete Pfanne
- 1 Herd
- 1 Pfannenwender

Zeitaufwand

15 Minuten Vorbereitungszeit
20 bis 30 Minuten Garzeit

Zubereitung

Am Morgen vor dem großen Abend die Zitrone auspressen und den Saft – ohne die Kerne – in eine Schüssel gießen. Joghurt, Senf und ½ Teelöffel Paprikapulver mit dem Esslöffel untermischen. Mit Salz und Pfeffer abschmecken – es darf nicht zu viel sein.

Die Hühnerbrustfilets in einen tiefen Teller legen und die Hälfte der Joghurtsoße darübergießen. Das Geflügel gut darin wenden. Das eingelegte Geflügel mit dem Teller (das Hühnerfleisch bleibt in der Joghurtsoße, damit es das Aroma aufnimmt und zart wird) und die Schüssel mit der restlichen Joghurtsoße mit Alu- oder Frischhaltefolie abdecken und in den Kühlschrank stellen.

Hühnerbrustfilets und Soße am Abend aus dem Kühlschrank nehmen. Das Fleisch auf ein Küchenbrett legen und trockentupfen. Die Korianderblättchen abzupfen, waschen und trockentupfen.

Das Öl in die Pfanne gießen und auf höchster Stufe erhitzen. Die Hühnerbrustfilets hineinlegen und bei mittlerer Hitze auf beiden Seiten jeweils 10 bis 15 Minuten braten. Die Außenseite des Fleisches muss knusprig goldgelb sein, während das Innere weiß sein sollte. (»Woher weiß ich, ob das Innere weiß ist?«, fragen Sie sich kopfschüttelnd. Ganz einfach: Schneiden Sie das Fleisch mit einem spitzen Messer ein und drücken Sie es auseinander. Voilá! Schon können Sie einen Blick auf das Innere werfen.)

Die Hühnerbrustfilets auf 2 Teller legen, mit dem übrigen Paprikapulver bestäuben und mit den Korianderblättchen garnieren. Die restliche Joghurtsoße um das Geflügel gießen.

Jakobsmuscheln mit Pastis

Frankreich zum Greifen nahe …

Zutaten

- 10 küchenfertige Jakobsmuscheln (gibts im Fischgeschäft)
- Salz
- 4 Stangen Lauch
- 20 g Butter
- Pfeffer
- 1 Esslöffel Öl
- 2 Esslöffel Pastis
- 100 g Schlagsahne

Utensilien

- 1 Gemüsemesser
- 1 Küchenbrett
- 1 kleiner Topf
- 1 Herd
- 1 Pfannenwender
- 1 Esslöffel
- 1 beschichtete Pfanne

Zeitaufwand

5 Minuten Vorbereitungszeit
15 Minuten Garzeit

Zubereitung

Die Jakobsmuscheln von beiden Seiten salzen.

Den Lauch putzen: Das dunkle Grün und das Ende mit den Wurzeln abschneiden. Die Stangen der Länge nach halbieren und die äußere Schicht entfernen. Den Lauch mit kaltem Wasser gründlich waschen (die Erde knirscht immer so zwischen den Zähnen …), auf das Küchenbrett legen und in ca. 1 cm dicke Stücke schneiden.

Die Butter in dem Topf bei milder Hitze zerlassen, den Lauch zugeben, salzen und pfeffern und 15 Minuten unter gelegentlichem Rühren garen.

Inzwischen das Öl in die Pfanne gießen und auf höchster Stufe erhitzen. Die Jakobsmuscheln hineingeben und von jeder Seite 2 Minute braten. Sie sollten etwas gebräunt sein. Den Pastis darübergießen.

Den Herd auf mittlere Stufe stellen und die Schlagsahne in die Pfanne gießen. Salzen und pfeffern. Die Muscheln unter mehrmaligem Wenden weitere 3 Minuten garen. Die Sahne muss dabei aufkochen, damit sie eindickt.

Die Muscheln mit der Soße und dem Lauch auf 2 Tellern anrichten und sofort servieren.

Kleiner Tipp: Wenn Sie tiefgekühlte Jakobsmuscheln verwenden, nehmen Sie sie am Vortag aus dem Gefrierfach. Legen Sie die Muscheln in eine Salatschüssel und gießen Sie ½ l Milch darüber, damit sie nicht austrocknen. Mit Frischhaltefolie abdecken und in den Kühlschrank stellen. Vor dem Zubereiten müssen Sie die Muscheln mit Küchenpapier gut trockentupfen.

Boeuf Stroganoff

Erwischt! Das ist natürlich eine Light-Variante des Klassikers.

Zutaten
- 2 kleine Zwiebeln
- 1 Glas Champignons in Scheiben (110 g Abtropfgewicht)
- 2 Esslöffel Öl
- 2 Stück Butter (ca. 20 g)
- ½ Zitrone
- 1 Esslöffel Tomatenmark
- 1 Teelöffel Senf
- Salz und Pfeffer
- 300 g Rinderfilet
- 100 g Schlagsahne

Utensilien
- 1 scharfes Messer
- 1 Küchenbrett
- 1 Sieb
- 1 Esslöffel
- 1 beschichtete Pfanne
- 1 Herd
- 1 Pfannenwender
- 1 Zitronenpresse
- 1 kleine Schüssel
- 1 Teelöffel
- 1 Teller

Zeitaufwand
20 Minuten Vorbereitungszeit
30 Minuten Garzeit

Zubereitung
Die Zwiebeln schälen und halbieren. Mit der flachen Seite nach unten auf ein Küchenbrett legen und in dünne Scheiben schneiden. Die Champignons in ein Sieb geben und abtropfen lassen.

1 Esslöffel Öl und 1 Stück Butter in die Pfanne geben und bei schwacher Hitze zerlassen. Die Zwiebelscheiben zufügen und unter

gelegentlichem Rühren 15 Minuten braten. Die Champignons zufügen und unter gelegentlichem Rühren 5 Minuten mitbraten.

Inzwischen die Zitrone auspressen und den Saft – ohne Kerne – in die Schüssel gießen. Tomatenmark und Senf unterrühren. Mit Salz und Pfeffer abschmecken. Das Fleisch in mundgerechte Streifen schneiden.

Zwiebeln und Pilze aus der Pfanne nehmen und auf einen Teller legen. Das restliche Öl mit dem zweiten Stück Butter in die Pfanne (die Sie vorher nicht reinigen müssen) geben. Wenn die Butter zerlaufen ist, das Fleisch zufügen und bei mittlerer Hitze unter Rühren 4 Minuten braten.

Zwiebeln, Champignons und Senfmischung unterrühren und alles weitere 3 Minuten garen. Die Sahne unterheben und alles nochmals 3 Minuten unter Rühren garen.

Kleiner Tipp: Servieren Sie Reis oder Nudeln als Beilage. Die Rezepte dazu finden Sie auf Seite 112 bzw. Seite 114.

Garnelen mit Kokosmilch und Curry

Leicht bekömmlich, verführerisch exotisch im Geschmack – perfekt!

Zutaten

- 250 g küchenfertige Riesengarnelen (die Garnelen sind bereits gekocht, geschält und entdarmt, gibts im Fischgeschäft oder als Tiefkühlware)
- 1 Limone
- 100 ml Kokosmilch (finden Sie im Supermarkt in der Abteilung für exotische Produkte oder im Asialaden)
- 1 Teelöffel Currypulver (Supermarkt: Gewürzregal)
- 15 Korianderblättchen

Utensilien

- 1 scharfes Messer
- 1 Zitronenpresse
- 1 kleine Schüssel
- 1 Teelöffel
- 1 Schneebesen
- Küchenpapier
- 1 beschichtete Pfanne
- 1 Herd
- 1 Pfannenwender

Wahlweise:

- 1 Salatschüssel

Zeitaufwand

15 Minuten Vorbereitungszeit
10 bis 15 Minuten Garzeit

Zubereitung

Die Limone halbieren, auspressen und den Saft – ohne Kerne – in die Schüssel gießen. Kokosmilch und Currypulver zufügen und mit dem Limonensaft verrühren.

Die Korianderblättchen abzupfen, waschen und trockentupfen.

Die Soße in die Pfanne gießen. Den Herd auf höchste Stufe stellen. Wenn die Soße kocht (also blubbert), die Temperatur auf mittlere Stufe stellen.

Die Riesengarnelen zufügen (Tiefkühlware zuvor mit Küchenpapier trockentupfen) und unter gelegentlichem Wenden 8 Minuten garen. Die Soße soll dabei nicht mehr kochen.

Die Garnelen auf 2 Teller verteilen, mit der Soße übergießen und mit den Korianderblättchen garnieren.

Kleiner Tipp: Wenn Sie sich für tiefgekühlte Riesengarnelen entschieden haben, nehmen Sie diese ca. 6 Stunden vor dem Kochen aus der Verpackung. Geben Sie sie in eine Salatschüssel und stellen Sie diese in den Kühlschrank (lesen Sie vorsichtshalber auch die Hinweise auf der Verpackung). Reichen Sie Reis zu den Garnelen (Rezept Seite 112).

Einseitig gebratener Lachs mit Orangen-Vinaigrette

Ihre Herzdame wird von dieser Kombination begeistert sein.

Zutaten

- 10 Schnittlauchstängel
- 1 unbehandelte Orange
- 1 Esslöffel Balsamico (milder Essig, den Sie im Supermarkt im Öl- und Essigregal finden)
- 3 Esslöffel Olivenöl
- 2 Lachsfilets (à ca. 150 g ohne Haut; gibts im Fischgeschäft oder in der Fischtheke im Supermarkt. Lassen Sie sich die Haut von den Filets lösen, denn das erfordert sehr viel Geschick)
- 1 Prise Salz

Utensilien

- Küchenpapier
- 1 Gemüsemesser
- 1 Gemüseschäler
- 1 Zitronenpresse
- 1 kleine Schüssel
- 1 Esslöffel
- 1 beschichtete Pfanne
- 1 Herd
- 1 Pfannenwender

Zeitaufwand

10 Minuten Vorbereitungszeit
8 bis 10 Minuten Garzeit

Zubereitung

Den Schnittlauch waschen, trockentupfen und in ca. 5 mm große Röllchen schneiden.

Die Orange unter kaltem Wasser abspülen und gut trockentupfen. Mit dem Gemüseschäler 3 lange Stücke von der Schale abziehen und in hauchdünne Streifen schneiden. Die Orange halbieren. Eine Hälfte auspressen und den Saft – genau, ohne Kerne – in die Schüssel gießen. Balsamico, 1 Esslöffel Öl und Salz zufügen und alles gut vermischen.

Das restliche Öl in der Pfanne auf höchster Stufe erhitzen. Die Lachsfilets mit der (flachen) Seite hineinlegen und 8 bis 10 Minuten braten. Ganz wichtig: Den Herd nach 2 Minuten auf mittlere Stufe herunterschalten. Die Lachsseite, die dem Pfannenboden zugewandt ist, sollte jetzt schön knusprig sein, während die Oberseite im Idealfall fast roh geblieben ist. Um zu prüfen, ob der Lachs ausreichend gebraten ist, berühren Sie die Oberfläche mit dem Finger. Wenn sie kalt ist, muss der Fisch weiterbraten, ist sie dagegen warm, ist der Lachs fertig.

Die Lachsfilets mit dem Pfannenwender auf 2 Teller legen. Die Orangenzesten (das sind die hauchdünnen Streifen, die Sie vorhin so liebevoll geschnitten haben) und den Schnittlauch darübergeben.

Die Orangen-Vinaigrette dazu servieren.

Kleiner Tipp: Unschlagbar als Beilage sind Reis (Seite 112) und gebratene Zucchini (Seite 122).

Gebackene Lachsfilets mit Ingwer

In Alufolie gegarter Lachs zerfällt auf der Zunge – sie wird es lieben.

Zutaten

- 1 Limone
- 1 Esslöffel Olivenöl
- 2 Teelöffel Ingwerpulver (Supermarkt: Gewürzregal)
- 2 Teelöffel Sojasoße (dunkle, pikante Soße, gibts im Supermarkt im Regal für exotische Zutaten oder im Asialaden)
- 10 Korianderblättchen
- 2 Lachsfilets (à ca. 150 g ohne Haut; gibts im Fischgeschäft oder in der Fischtheke im Supermarkt. Lassen Sie sich die Haut von den Filets lösen, denn das erfordert sehr viel Geschick)

Utensilien

- 1 Backofen
- 1 Gemüsemesser
- 1 Zitronenpresse
- 1 kleine Schüssel
- 1 Esslöffel
- 1 Teelöffel
- 1 Schneebesen
- Küchenpapier
- 1 Meter Alufolie
- 1 Backblech
- 1 Geschirrtuch

Zeitaufwand

15 Minuten Vorbereitungszeit
10 Minuten Garzeit

Zubereitung

Den Backofen auf 220 °C vorheizen (Gas: Stufe 4).

Die Limone halbieren, auspressen und den Saft – natürlich, ohne Kerne – in die Schüssel gießen. Öl, Ingwerpulver und Sojasoße zufügen und mit dem Saft verrühren.

Die Korianderblättchen von den Stielen zupfen, waschen und trockentupfen.

Die Alufolie in der Mitte durchschneiden, sodass man zwei, etwa 50 cm große Stücke erhält. Ein Viertel der Soße mit dem Esslöffel in die Mitte eines Alufolienstücks gießen und den Lachs darauflegen. Dieselbe Soßenmenge über den Lachs gießen und die Hälfte der Korianderblättchen darauflegen.

Die Alufolie über dem Fisch verschließen (die Ränder dabei gut zusammendrücken, damit die Päckchen luftdicht verschlossen sind, denn so wird der Geschmack bewahrt und der Fisch trocknet nicht aus). Das zweite Lachspäckchen genauso vorbereiten.

Die beiden Päckchen auf das Backblech legen, in den Ofen schieben und den Fisch 10 Minuten backen. Das Blech mit einem Geschirrtuch aus dem Ofen nehmen und die Fischpäckchen auf 2 Teller legen. Die Alufolie öffnen und die Lachsfilets servieren.

Kleiner Tipp: Wenn Sie zu diesem Gericht Pellkartoffen (Rezept Seite 116) und Lauchgemüse (Rezept Seite 120) als Beilage servieren, ist es um Ihre Angebetete geschehen.

Entenbrustfilets mit Honig-Orangen-Soße

Wenn sie bei diesem Gericht nicht schwach wird …

Zutaten

- 2½ Orangen
- je 4 Esslöffel Honig und Essig
- Salz und Pfeffer
- 2 Entenbrustfilets (frisch vom Geflügelhändler)

Utensilien

- 1 Zitronenpresse
- 1 kleine Schüssel
- 1 Esslöffel
- 1 Schneebesen
- 1 kleiner Topf
- 1 scharfes Messer
- 1 Küchenbrett
- 1 beschichtete Pfanne
- 1 Herd
- 1 Pfannenwender
- Alufolie

Zeitaufwand

15 Minuten Vorbereitungszeit
15 bis 20 Minuten Garzeit

Zubereitung

Die ganzen Orangen halbieren, auspressen und den Saft – ohne Kerne – in die Schüssel gießen. Honig, Essig sowie je 1 Prise Salz und Pfeffer unterrühren. Die Soße in den Topf gießen.

Die halbe Orange in Scheiben schneiden.

Die Entenbrustfilets mit der Hautseite nach oben auf das Küchenbrett legen. Die Haut rautenförmig ca. 3 mm tief einschneiden.

Die Pfanne auf den Herd stellen und auf höchster Stufe erhitzen. Das Fleisch mit der Hautseite nach unten in die Pfanne legen und ca. 10 Minuten braten. Den Herd nach 3 Minuten auf mittlere Stufe herunterschalten. Die Entenbrustfilets geben viel Fett ab, das Sie von Zeit zu Zeit über der Spüle abgießen sollten.

Inzwischen die Soße bei mittlerer Hitze unter Rühren aufkochen. Sobald sie blubbert, die Hitze reduzieren. Weiterrühren, bis die Soße sirupartig eindickt. Die Herdplatte ausschalten (den Topf auf der Platte stehen lassen, damit die Soße warm bleibt).

Die Entenbrustfilets auf der Fleischseite salzen und pfeffern. Wenden und weitere 5 bis 10 Minuten braten. Das Fleisch aus der Pfanne nehmen, in Alufolie wickeln und auf einen Teller legen. Das Fleisch muss vor dem Schneiden einige Minuten ruhen, damit es schön zart wird.

Das Fleisch aus der Folie nehmen, auf dem Küchenbrett in ca. 5 mm dicke Scheiben schneiden und auf 2 Teller legen. Mit der Soße übergießen, mit den Orangenscheiben garnieren und servieren.

Damit am großen Tag keine Hektik ausbricht

Bereiten Sie die Soße am Vortag zu. Mit Alufolie abdecken und im Kühlschrank aufbewahren.

Schweinefilet indonesischer Art

Sie glaubt Ihnen nie, dass Sie diesen Knaller selbst gekocht haben.

Zutaten

- ½ Zitrone
- 100 ml Kokosmilch (finden Sie im Supermarkt in der Abteilung für exotische Produkte oder im Asialaden)
- 1 Esslöffel Erdnussbutter (finden Sie im Supermarkt im Konfitürenregal oder im Regal mit exotischen Lebensmitteln)
- 1 Esslöffel Sojasoße (die dunkle, pikante Soße finden Sie in der Abteilung für exotische Gewürze im Supermarkt oder im Asialaden)
- 1 Handvoll Erdnüsse
- 300 g Schweinefilet
- 2 Esslöffel Öl
- Salz und Pfeffer

Utensilien

- 1 Zitronenpresse
- 1 Topf
- 1 Esslöffel
- 1 Schneebesen
- 1 scharfes Messer
- Küchenpapier
- 1 beschichtete Pfanne
- 1 Herd
- 1 Gabel

Zeitaufwand

15 Minuten Vorbereitungszeit
10 Minuten Garzeit

Zubereitung

Die Zitronenhälfte auspressen und den Saft – ohne Kerne – in den Topf gießen. Kokosmilch, Erdnussbutter und Sojasoße hinzufügen und gut vermengen. Die Erdnüsse hacken. Das Filet waschen, trockentupfen und der Länge nach in 4 Streifen schneiden.

Das Öl in der Pfanne auf höchster Stufe erhitzen. Die Fleischstreifen zufügen und 2 Minuten anbraten. Mit der Gabel wenden und 2 weitere Minuten braten. Den Herd auf mittlere Stufe herunterschalten, das Fleisch salzen und pfeffern und weitere 6 Minuten braten (nach der Hälfte der Bratzeit nochmals mit der Gabel wenden).

Inzwischen die Soße etwa 3 Minuten bei milder Hitze erwärmen (nicht kochen lassen).

Die Fleischstreifen auf 2 Teller verteilen, mit der Soße übergießen und mit den gehackten Erdnüssen bestreuen.

Kleiner Tipp: Servieren Sie Reis (Rezept Seite 112) als Beilage.

Schweinemedaillons mit Roquefortsoße

Ihr Herzblatt wird genauso (dahin)schmelzen wie der Käse.

Zutaten

- 300 g Schweinefilet
- 3 Esslöffel Öl
- 200 ml trockener Weißwein
- 80 g Roquefort (Blauschimmelkäse)
- 100 g Schlagsahne

Utensilien

- Küchenpapier
- 1 Küchenbrett
- 1 scharfes Messer
- 1 Esslöffel
- 1 großer Topf
- 1 Herd
- 1 Teller
- Alufolie
- 1 Gabel

Zeitaufwand

5 Minuten Vorbereitungszeit
45 Minuten Garzeit

Zubereitung

Das Filet waschen, trockentupfen, auf ein Küchenbrett legen und halbieren, wenn es zu groß für den Topf ist. Das Öl im Topf auf höchster Stufe erhitzen. Das Fleisch hineinlegen und von allen Seiten gleichmäßig braun braten (das dauert etwa 5 Minuten), dabei mit dem Esslöffel wenden.

Den Herd auf mittlere Stufe herunterschalten, den Weißwein angießen und das Fleisch 40 Minuten garen. Aus dem Topf nehmen, auf einen Teller legen und mit Alufolie zudecken (es darf noch ein wenig ruhen, damit es schön zart wird, bevor ... na ja, Sie wissen schon ...).

Den Käse mit der Gabel auf dem Küchenbrett in kleine Stücke teilen. Die Sahne und den Käse in den Topf geben und bei mittlerer Hitze unter gelegentlichem Rühren zum Kochen bringen (wenn es blubbert, den Herd ausschalten; den Topf auf der Herdplatte stehen lassen, damit die Soße warm bleibt).

Das Filet aus der Alufolie nehmen, auf das Küchenbrett legen, in etwa 1 cm dicke Scheiben schneiden und auf 2 Teller verteilen. Die Soße über das Fleisch gießen und servieren.

Kleiner Tipp: Servieren Sie zu den Medaillons einen fruchtigen Weißwein. Als Beilage sind Nudeln (Seite 114) oder Pellkartoffeln (Seite 116) zu empfehlen.

Seezungenfilets »Müllerin«

Kaum Kalorien, wenig Aufwand, aber raffiniert im Geschmack.

Zutaten

- 1 unbehandelte Zitrone
- 5 Petersilienstängel
- 4 Esslöffel Mehl
- 2 Seezungenfilets (gibts im Fischgeschäft oder Supermarkt)
- Salz und Pfeffer
- 2 Esslöffel Öl
- 30 g Butter

Utensilien

- 1 Geschirrtuch
- 1 Gemüsemesser
- 1 Zitronenpresse
- 1 kleine Schüssel
- 1 Esslöffel
- 1 Teller
- 1 Küchenbrett
- 1 beschichtete Pfanne
- 1 Herd
- 1 Pfannenwender
- 1 Teelöffel

Zeitaufwand

10 Minuten Vorbereitungszeit
8 bis 10 Minuten Garzeit

Zubereitung

Die Zitrone unter kaltem Wasser gründlich waschen, mit einem Geschirrtuch trockentupfen und halbieren. Eine Hälfte auspressen und den Saft – ohne Kerne – in die Schüssel gießen. Die andere Zitronenhälfte in feine Scheiben schneiden.

Die Petersilie waschen und trockentupfen. Die Blättchen abzupfen und fein hacken (einige Blättchen zum Garnieren ganz lassen). Das

Mehl auf einem Teller verteilen. Die Fischfilets auf ein Küchenbrett legen, von beiden Seiten salzen und pfeffern und im Mehl wenden.

Das Öl in der Pfanne auf mittlerer Stufe erhitzen. Die Seezungenfilets darin auf beiden Seiten jeweils 4 bis 5 Minuten braten (die Panade soll knusprig braun sein).

Die Filets aus der Pfanne nehmen und auf 2 Teller legen. Die Butter in der Pfanne bei milder Hitze zerlassen. Den Zitronensaft mit dem Teelöffel über die Filets träufeln, die Butter darübergießen und die gehackte Petersilie darüberstreuen. Mit Zitronenscheiben und Petersilienblättchen garnieren und servieren.

Kleiner Tipp: Als Beilage empfehlen sich Reis (Seite 112) oder Pellkartoffeln (Seite 116) und Lauchgemüse (Seite 120).

Nudeln mit Zitronensoße und Parmesan

Sauer macht lustig – Sie werden schon sehen.

Zutaten

- 1 Stück Parmesan (ca. 30 g)
- 1 unbehandelte Zitrone
- 1 Teelöffel Salz
- 300 g Nudeln (Fusilli, Penne oder Spaghetti)
- 100 g Crème fraîche
- 100 g Schlagsahne

Utensilien

- 1 Gemüseschäler
- 1 Teller
- 1 Geschirrtuch
- 1 Gemüsemesser
- 1 kleine Schüssel
- 1 großer Topf
- 1 Teelöffel
- 1 Herd
- 1 kleiner Topf
- 1 Esslöffel
- 1 Sieb

Zeitaufwand

15 Minuten Vorbereitungszeit
10 bis 15 Minuten Garzeit

Zubereitung

Den Parmesan mit dem Gemüseschäler in kleine Stückchen hobeln, auf einen Teller geben und auf den Tisch stellen.

Die Zitrone unter kaltem Wasser gründlich abspülen und mit dem Geschirrtuch abtrocknen. Mit dem Gemüseschäler 3 lange Streifen von der Schale abziehen und in hauchdünne Streifen schneiden. Die Zitrone halbieren und auspressen. Den Saft – wie immer ohne Kerne – in die kleine Schüssel gießen.

2 l Wasser in den großen Topf füllen und mit dem Salz auf höchster Stufe zum Kochen bringen. Sobald das Wasser kräftig blubbert, die Temperatur auf mittlere Stufe reduzieren, die Nudeln in den Topf geben und nach Packungsanweisung garen.

Inzwischen die Crème fraîche mit der Sahne und den Zitronenschalenstreifen in den kleinen Topf geben und auf mittlerer Stufe unter gelegentlichem Rühren erhitzen.

Wenn die Nudeln gar sind (probieren Sie einfach mal), das Wasser abgießen und die Nudeln wieder in den Topf füllen. Den Zitronensaft dazugießen und umrühren. Die Sahnesoße angießen und alles gut durchmischen. Die Nudeln auf 2 Teller verteilen und servieren.

Lammkoteletts mit Joghurt-Minze-Soße

Was gibt es Schöneres, als gemeinsam zu dippen?

Zutaten
- 1 Knoblauchzehe
- 12 Minzeblättchen
- 150 g Naturjoghurt (also den weißen, geschmacksneutralen)
- Salz und Pfeffer
- 6 Lammkoteletts
- 2 Esslöffel Olivenöl

Utensilien
- 1 Gemüsemesser
- 1 Küchenbrett
- Küchenpapier
- 1 Schüssel
- 1 Esslöffel
- 1 beschichtete Pfanne
- 1 Herd
- 1 Pfannenwender

Zeitaufwand
15 Minuten Vorbereitungszeit
6 Minuten Garzeit

Zubereitung
Die Knoblauchzehe mit dem Messer abziehen. Auf das Küchenbrett legen und in Längsrichtung halbieren. Die Hälften jeweils auf die flache Seite legen und in feine Scheiben schneiden. Diese nochmals in kleine Stückchen schneiden.

Die Minzeblättchen waschen, trockentupfen und fein hacken (bis auf 2 Blättchen, die sind für die Garnitur). Joghurt, Knoblauch und gehackte Minze in der Schüssel vermengen. Mit Salz und Pfeffer abschmecken und mit den beiden Minzeblättchen garnieren.

Die Koteletts von beiden Seiten salzen und pfeffern.

Das Öl in der Pfanne auf höchster Stufe erhitzen. Die Lammkoteletts hineinlegen und auf beiden Seiten jeweils etwa 3 Minuten braten. Sie sollten außen goldbraun und knusprig und innen rosa sein. (Wenn Sie das Fleisch gut durchgebraten mögen, geben Sie jeder Seite 5 Minuten.)

Die Lammkoteletts auf 2 Teller legen und mit der Joghurtsoße servieren.

Kleiner Tipp: Besonders gut schmecken als Beilage gebratene Zucchini (Seite 122) oder knackige grüne Bohnen (Seite 124). Wenn Sie dazu noch Baguette oder Ciabatta reichen, ist das Glück perfekt.

Thunfisch-Carpaccio

Wenn Sie die Zutatenmenge halbieren, wird daraus eine Vorspeise.

Zutaten

- 300 g Thunfischfilet ohne Haut (gibts im Fischgeschäft oder an der Fischtheke im Supermarkt)
- 1 Stück Parmesan (ca. 30 g)
- 10 Schnittlauchstängel
- 3 Esslöffel Olivenöl
- 1 Esslöffel Balsamico (milder Essig, den Sie im Supermarkt im Öl- und Essigregal finden)

Utensilien

- 1 Gemüseschäler
- 1 Küchenbrett
- 1 scharfes Messer
- 1 Servierplatte
- Küchenpapier
- 1 Esslöffel
- 1 kleine Schüssel

Zeitaufwand

30 Minuten

Zubereitung

Ihr Kühlschrank hat ein Tiefkühlfach? Wunderbar! Legen Sie das Thunfischfilet 30 Minuten, bevor Sie es verarbeiten, hinein. Es lässt sich dann leichter schneiden.

Den Parmesan mit dem Gemüseschäler in kleine Scheiben hobeln. Den Fisch in möglichst dünne Scheiben schneiden und auf der Servierplatte (oder einem großen Teller) anrichten.

Den Schnittlauch waschen, trockentupfen und mit dem Messer in ca. 5 mm lange Röllchen schneiden. Das Öl und den Essig in der Schüssel verrühren.

Die Schnittlauchröllchen und den Parmesan über dem Thunfisch verteilen. Alles mit dem Dressing beträufeln und servieren.

Damit am großen Tag keine Hektik ausbricht

Sie können das Carpaccio schon am Nachmittag vorbereiten und auf 2 Tellern anrichten. Mit Frischhaltefolie bedecken und ab in den Kühlschrank.

Geflügelsalat mit Blauschimmelkäse

Der Salat ist so reichhaltig, dass er als Hauptspeise durchgeht.

Zutaten

- ½ Zitrone
- 5 Esslöffel Öl
- 2 Hühnerbrustfilets ohne Haut (gibts beim Metzger oder im Supermarkt)
- Salz und Pfeffer
- 2 Esslöffel Essig
- 1 Esslöffel Estragonsenf (gibts im Feinkostladen, notfalls tuts auch gewöhnlicher mittelscharfer Senf)
- 100 g Blauschimmelkäse
- 3 Handvoll Salat (gibts fix und fertig im Supermarkt)
- 1 Handvoll Weintrauben

Utensilien

- 1 Zitronenpresse
- 1 kleine Schüssel
- 2 Esslöffel
- 1 beschichtete Pfanne
- 1 Herd
- 1 Küchenbrett
- 1 scharfes Messer
- 1 Sieb
- 1 Salatschüssel

Zeitaufwand

15 Minuten Vorbereitungszeit
20 Minuten Garzeit

Zubereitung

Die Zitrone auspressen und den Saft – ohne Kerne – in die Schüssel gießen. 2 Esslöffel Öl in der Pfanne auf mittlerer Stufe erhitzen. Das Fleisch hineinlegen, mit dem Zitronensaft beträufeln, salzen und pfeffern und auf beiden Seiten jeweils 10 Minuten braten.

Inzwischen den Essig, das restliche Öl und den Senf in der Schüssel vermengen. Den Käse auf dem Küchenbrett in etwa 1 cm große Würfel schneiden. Den Salat waschen und in einem Sieb abtropfen lassen.

Das Fleisch aus der Pfanne nehmen, auf dem Küchenbrett abkühlen lassen und ebenfalls in ca. 1 cm große Würfel schneiden.

Den Salat in die Salatschüssel geben und das Senfdressing mit 2 Esslöffeln untermischen. Den Salat auf 2 Teller verteilen. Die Trauben, die Käse- und die Hühnchenwürfel daraufsetzen.

Damit am großen Tag keine Hektik ausbricht

Die Hühnerbrustfilets können Sie schon am Vortag braten. Legen Sie das Fleisch auf einen Teller, decken Sie es mit Frischhaltefolie ab, damit es nicht austrocknet, und stellen Sie es in den Kühlschrank.

Pasta mit Gorgonzolasoße

Schmeckt nicht nur lecker, sondern geht auch ruck, zuck.

Zutaten

- 8 Walnusshälften (im Supermarkt im Regal mit den Backwaren zu finden)
- 100 g Gorgonzola (gibts im Supermarkt im Kühlregal)
- 1 Teelöffel Salz
- 300 g Penne oder eine andere röhrenförmige Nudelsorte
- 100 g Crème fraîche
- 100 g Schlagsahne

Utensilien

- 1 Küchenbrett
- 1 Gemüsemesser
- 1 Teelöffel
- 1 großer Topf
- 1 Herd
- 1 kleiner Topf
- 1 Sieb
- 2 Esslöffel

Zeitaufwand

10 Minuten Vorbereitungszeit
10 bis 15 Minuten Garzeit

Zubereitung

Die Walnusshälften auf das Küchenbrett legen und mit dem Messer einmal durchschneiden.

Den Gorgonzola auf dem Küchenbrett in kleine Würfel schneiden und ein Viertel davon zur Seite legen.

2 l Wasser mit dem Salz im großen Topf zum Kochen bringen. Sobald das Wasser kräftig blubbert, die Temperatur auf mittlere Stufe reduzieren. Die Nudeln in den Topf geben und nach Packungsanweisung garen.

Inzwischen die Crème fraîche, die Sahne und den restlichen Gorgonzola im kleinen Topf auf mittlerer Stufe unter Rühren erhitzen (es dürfen sich keine Klümpchen bilden). Sobald sich eine homogene Soße gebildet hat, den Topf von der Herdplatte nehmen.

Wenn die Nudeln gar sind (probieren Sie einfach mal), das Wasser abgießen und die Nudeln wieder in den Topf füllen. Die Soße darübergießen und alles gut durchmischen.

Die Nudeln auf 2 Teller verteilen, mit den Walnussstückchen und dem beiseite gestellten Gorgonzola bestreuen und servieren.

Feldsalat mit geräucherter Entenbrust

Es könnte sein, dass sie bei diesem Salat abhebt …

Zutaten

- 3 Handvoll Feldsalat
- 10 Walnusshälften (im Supermarkt im Regal mit den Backwaren zu finden)
- 100 g geräucherte Entenbrust in Scheiben (gibts im Feinkostladen, manchmal auch im Supermarkt)
- 1 Teelöffel Senf
- 1 Esslöffel Essig
- 1 Prise Salz
- 3 Esslöffel Öl
- 1 Pfeffer
- ½ Apfel

Utensilien

- 1 Geschirrtuch
- 1 Salatschüssel
- 1 Teelöffel
- 1 Esslöffel
- 1 kleine Schüssel
- 1 Gemüsemesser
- 1 Gemüseschäler
- 1 beschichtete Pfanne
- 1 Herd
- 1 Gabel

Zeitaufwand

15 Minuten Vorbereitungszeit
4 bis 6 Minuten Garzeit

Zubereitung

Den Salat waschen, mit dem Geschirrtuch trockentupfen und in die Salatschüssel geben. Die Walnusshälften über dem Salat verteilen. Die Entenbrustscheiben aus der Verpackung nehmen.

Den Senf, den Essig und das Salz in der kleinen Schüssel mischen. 1 Esslöffel Öl dazugeben und alles gut verrühren (die Mischung darf nicht klumpen). Den Vorgang mit dem restlichen Öl wiederholen. Das Dressing mit etwas Pfeffer abschmecken.

Kurz vor dem Servieren den Apfel vierteln, schälen und das Kerngehäuse entfernen. Die Apfelviertel in je 5 bis 6 kleine Stückchen schneiden und über dem Salat verteilen. Den Salat auf zwei Tellern anrichten.

Die Pfanne auf den Herd stellen und auf höchster Stufe erhitzen (nein, es kommt kein Öl hinein, die Entenbrust gibt genug Fett ab). Die Entenbrustscheiben hineinlegen und bei mittlerer Hitze von beiden Seiten jeweils 2 bis 3 Minuten anbraten. Die Entenbrustscheiben auf dem Salat verteilen und das Gericht servieren.

Damit am großen Tag keine Hektik ausbricht

Das Salatdressing können Sie am Vortag zubereiten. Die Schüssel mit Frischhaltefolie abdecken und in den Kühlschrank stellen.

Hühnerbrustfilets im Parmesanmantel

Mit Salat und gebackenen Zucchini serviert, werden aus den einfachen Hühnernuggets wahre Goldstücke.

Zutaten

- 100 g Paniermehl (gibts im Supermarkt bei den Backwaren)
- 50 g geriebener Parmesan
- 1 Ei
- 2 Hühnerbrustfilets ohne Haut (gibts beim Metzger oder im Supermarkt)
- Salz und Pfeffer
- ½ Zitrone
- 2 Esslöffel Olivenöl
- 100 g Ketchup
- 1 Esslöffel Honig
- 3 Esslöffel Weißweinessig

Utensilien

- 2 kleine Schüsseln
- 1 Esslöffel
- 2 Teller
- 1 Gabel
- Küchenpapier
- 1 Küchenbrett
- 1 scharfes Messer
- 1 beschichtete Pfanne
- 1 Herd
- 1 Pfannenwender
- 1 Topf

Zeitaufwand

25 Minuten Vorbereitungszeit
10 bis 16 Minuten Garzeit

Zubereitung

Das Paniermehl in die Schüssel geben. Den Parmesan zufügen und alles gut vermengen. Die Mischung auf einen Teller geben.

Ein Ei in die Schüssel schlagen, mit der Gabel verquirlen und auf einen Teller geben.

Die Hühnerbrustfilets waschen, trockentupfen und auf dem Küchenbrett in Längsrichtung in Viertel schneiden. Salzen und pfeffern. Die halbe Zitrone vierteln.

Die Geflügelstücke im Ei wenden, sodass sie gut damit bedeckt sind. Dann im Paniermehl wenden und auf das Küchenbrett legen.

Das Öl in der Pfanne auf höchster Stufe erhitzen. Die Geflügelstücke in die Pfanne legen, die Hitze auf mittlere Stufe reduzieren und das Geflügel von beiden Seiten jeweils 5 bis 8 Minuten braten, bis die Panade goldbraun ist.

Inzwischen Ketchup, Honig und Essig in den Topf geben und auf niedriger Stufe unter Rühren erhitzen. Sobald eine homogene Masse entstanden ist, den Topf vom Herd nehmen.

Das Fleisch auf 2 Teller verteilen und mit der Soße servieren.

Beilagen

(Damit werden Sie zum bevorzugten Begleiter)

Bei uns hats gefunkt

Zuerst nannte Amelie mich »Essig-Prinz«, dann wurde ich ihr »Salat-König«. **Laurent, 55 Jahre, Geschäftsführer**

Mit Spaghetti lässt sichs prima angeln … **Frederik, 32 Jahre, Hundezüchter**

Lilly wurde ganz rot, als sie mir gestand: »Und ich dachte, du hättest zwei linke Hände.« **Pascal, 19 Jahre, Student**

Julia
war so über-
rascht von meinen
Kochkünsten, dass sie
ganz vergessen hat, sich
über mein chaotisches
Wesen lustig zu machen.
Christian, 22 Jahre,
Verkäufer

Mit meinem
Lauchgemüse
hab ich nicht nur Eva,
sondern auch mich
selbst verblüfft.
Arne, 26 Jahre,
Makler

Salat und Dressings

Ein unverzichtbarer Begleiter – vielleicht gilt das bald auch für Sie …

Salat können Sie fix und fertig (also schon geputzt und in mundgerechte Stücke geschnitten) im Supermarkt kaufen, und zwar in allen erdenklichen Variationen und Mischungen. Planen Sie pro Person 60 bis 100 g ein, das entspricht 2 großen Handvoll. Wenn Sie lieber selbst »Hand anlegen« kaufen Sie einen Salatkopf. Lösen Sie die Blätter mit einem scharfen Messer vom Strunk und entsorgen Sie welke oder braune Blätter. Geben Sie den Salat in ein Sieb und waschen Sie ihn gründlich unter fließend kaltem Wasser. Schütteln Sie das Sieb gut, damit das Wasser richtig abtropft. Wenn Sie eine Salatschleuder besitzen (man weiß ja nie), sind Sie sowieso der Chef. Zerteilen Sie die Salatblätter in mundgerechte Stücke.

Zutaten für das Dressing

- 1 Teelöffel mittelscharfer Senf
- 1 Esslöffel Weißweinessig
- 1 Prise Salz
- 3 Esslöffel Öl
- 1 Prise Pfeffer

Grundrezept

Senf, Essig und Salz mit dem Schneebesen in einer kleinen Schüssel mischen. 1 Esslöffel Öl zufügen und alles gut vermischen (es dürfen sich keine Klümpchen bilden). Den Vorgang mit dem verbliebenen Öl wiederholen. Den Pfeffer unterrühren (wirklich erst zum Schluss, sonst verliert er wegen des Essigs seinen Geschmack) – fertig.

Grenzenlose Vielfalt

Probieren Sie verschiedene Essige (Balsamico, Sherry-, Apfel-, Himbeeressig ...), Öle (Oliven-, Sonnenblumen-, Walnussöl ...) und Senfe (Dijon-Senf, süßer Senf, Estragonsenf ...) aus. Die Vielfalt ist nahezu grenzenlos. Ganz wichtig: Kosten Sie den Essig vor dem Kochen, um zu testen, ob der Geschmack zum Gericht passt.

Das einfachste Dressing der Welt

Die Salatblätter in die Salatschüssel legen und 3 Esslöffel Öl darübergießen. Gut vermischen, damit die Blätter vom Öl bedeckt sind. 1 Esslöffel Essig dazugeben und erneut vermischen. Nach italienischer Art können Sie auch Olivenöl und Balsamico verwenden.

Das Dressing für die schlanke Linie

Nehmen Sie Joghurt anstelle des Öls.

Was es noch zu beachten gibt

Wenn Sie das Dressing schon sehr früh zubereiten, trennen sich Öl und Essig wieder. Macht aber nix, einfach vor dem Servieren noch mal gut verrühren. Mischen Sie das Dressing erst kurz vor dem Servieren unter den Salat, sonst fallen die Blätter zusammen (das sieht nicht nur unappetitlich aus, sondern schmeckt auch nicht). Überladen Sie die Salatschüssel nicht (eine »Blattspur« von der Küche zum Esstisch kommt nicht so gut an).

Reis

Basmati-, Natur- oder Kochbeutelreis? Sie haben die Qual der Wahl.

Am schwierigsten beim Reiskochen ist es, sich für eine Sorte zu entscheiden. Alles Weitere ist Kinderkram. Sie müssen nur die Anleitung auf der Verpackung befolgen, denn die verschiedenen Reissorten haben unterschiedliche Garzeiten. Kosten Sie den Reis vor dem Servieren in jedem Fall. Wenn er nicht gar ist, muss er weiterkochen.

Gießen Sie den gegarten Reis in ein Sieb, damit das Wasser gut abtropft, und servieren Sie ihn auf einer großen Platte oder in einer großen Schale. Mit einem Stück Butter verfeinert, kommt Reis noch besser an.

Noch ein Wort zur Menge: Reis ist ein wahres »Wachstumswunder«. Eine große Kaffeetasse voll Reiskörner reicht als Beilage für 2 Personen. (Das glauben Sie nicht? Dann hilft nur: ausprobieren!)

Damit am großen Tag keine Hektik ausbricht

Sie können den Reis schon am Nachmittag kochen und abgießen, ohne allerdings die Butter beizumischen. Einige Minuten vor dem Servieren geben Sie den Reis noch mal mit 1 Esslöffel Wasser in einen Topf und erwärmen ihn bei milder Hitze. Rühren Sie das Butterstück unter, damit der Reis nicht klebt. Noch schneller gehts, wenn Sie den Reis in der Mikrowelle aufwärmen und anschließend die Butter untermischen.

Nudeln

Vielfalt ohne Grenzen – grenzenlose Vielfalt.

Zutaten

- getrocknete Nudeln: als Beilage ca. 100 g für 2 Personen
- frische Nudeln: als Beilage ca. 200 g für 2 Personen
- 1 Esslöffel Salz

Utensilien

- 1 großer Topf
- 1 Herd
- 1 Esslöffel
- 1 Sieb

Zeitaufwand

Abhängig von der Nudelsorte

Zubereitung

Auch in diesem Fall gilt: Sie haben die Qual der Wahl. Bei der Zubereitung von Nudeln folgen Sie ganz einfach den Hinweisen auf der Verpackung. Nudeln müssen in viel gesalzenem Wasser gekocht werden – suchen Sie schon mal Ihren größten Topf im Küchenschrank. Erst wenn das Wasser richtig blubbert, kommen die Nudeln hinein. Dann müssen Sie die Hitze reduzieren, damit die Pasta nicht verkocht. Sie sollten die Nudeln vor dem Servieren in jedem Fall kosten. Wenn sie zu hart sind, müssen sie weiterkochen.

Frische Nudeln sind ideal, wenn Sie einen entspannten Abend zu zweit planen, weil sie schon nach 2 bis 4 Minuten gar sind. Im Supermarkt finden Sie frische Pasta im Kühlregal.

Kochen Sie die Nudeln nicht schon zwei Tage im Voraus, sonst werden sie klebrig.

Pellkartoffeln

Zu Fleisch, zu Fisch, zu buntem Gemüse – der Begleiter schlechthin.

Zutaten

- ca. 500 g Kartoffeln für 2 Personen
- 1 Esslöffel Salz

Utensilien

- 1 Topf
- 1 Herd
- 1 Esslöffel
- 1 Gemüsemesser
- 1 Sieb

Zeitaufwand

35 bis 40 Minuten Garzeit

Zubereitung

Die Kartoffeln gründlich waschen und in einen Topf legen. So viel kaltes (wichtig, weil die Kartoffeln sonst nicht weich werden) Wasser angießen, dass die Kartoffeln vollständig bedeckt sind. Das Salz einstreuen. Den Herd auf höchste Stufe stellen und das Wasser zum Kochen bringen. Sobald es richtig blubbert, erstens auf die Uhr sehen und zweitens die Hitze reduzieren, sodass das Wasser nur noch leicht köchelt (sprich, kleine Blasen wirft). Nach 30 Minuten eine Kartoffel mit dem Messer anstechen. Wenn die Klinge mühelos durch die Knolle dringt, sind die Kartoffeln gar. Wenn nicht, den Vorgang nach 5 Minuten und gegebenenfalls nochmals wiederholen. Die Kartoffeln sollten spätestens nach 40 Minuten gar sein. Abgießen und in einem Sieb abtropfen lassen.

Die Garzeit variiert je nach Größe der Kartoffeln, deshalb ist es wichtig, dass Sie möglichst gleich große Kartoffeln wählen. Kleinere Sorten schmecken nicht nur besser, ihre Schale ist auch meist so dünn, dass man sie mitessen kann.

Sie können Butter und Salz zu den Kartoffeln reichen. Allerdings nur, wenn zu dem Gericht keine Soße serviert wird.

Champignonpfanne Pariser Art

Oh, là, là! Isch liebe diese Gerischt!

Zutaten
- 10 Petersilienblättchen
- 200 g Champignons
- 1 Esslöffel Öl
- Salz
- 20 g Butter

Utensilien
- Küchenpapier
- 1 Gemüsemesser
- 1 Esslöffel
- 1 beschichtete Pfanne
- 1 Herd
- 1 Pfannenwender
- 1 Sieb

Zeitaufwand
15 Minuten Vorbereitungszeit
10 Minuten Bratzeit

Zubereitung
Die Petersilie waschen und trockentupfen. 3 Blättchen zum Garnieren beiseite stellen. Die restliche Petersilie mit dem Messer fein hacken.

Die Champignons mit Küchenpapier gut abreiben. Das Ende der Pilzfüße abschneiden und die Champignons senkrecht vom Pilzhut abwärts in hauchdünne Scheiben schneiden.

Das Öl in der Pfanne auf mittlerer Stufe erhitzen. Die Champignons in die Pfanne geben, salzen und 5 Minuten unter ständigem Rühren anbraten.

Die Champignons in das Sieb geben und abtropfen lassen.

Die Butter in der Pfanne (die Sie nicht reinigen müssen) bei milder Hitze zerlassen. Die Pilze hinzufügen und nochmals unter Rühren 5 Minuten braten.

Die Champignons vor dem Servieren mit der Petersilie bestreuen und mit den Blättchen garnieren.

Damit am großen Tag keine Hektik ausbricht

Sie können die Petersilie schon am Nachmittag schneiden und die Champignons im Öl vorbraten und abtropfen lassen. Vor dem Servieren müssen Sie dann nur noch die Butter zerlassen und die zweite »Bratrunde« starten.

Lauchgemüse

Kinderleicht und lecker – die perfekte Begleitung zu Fisch und Fleisch.

Zubereitung

- 2 Lauchstangen
- 30 g Butter
- Salz und Pfeffer

Utensilien

- 1 Messer
- 1 großer Topf
- 1 Herd
- 1 Esslöffel

Zeitaufwand

5 Minuten Vorbereitungszeit
15 Minuten Garzeit

Zubereitung

Den Lauch putzen: Das dunkle Grün und das Ende mit den Wurzeln abschneiden. Die Stangen der Länge nach halbieren und die äußere Schicht entfernen. Den Lauch mit kaltem Wasser gründlich waschen (damit keine Erde zwischen den Schichten hängen bleibt) und in etwa 1 cm große Stücke schneiden. Die Butter im Topf bei milder Hitze zerlassen. Die Lauchstücke zugeben, salzen und pfeffern. Das Gemüse 15 Minuten garen, dabei von Zeit zu Zeit umrühren.

Damit am großen Tag keine Hektik ausbricht

Das Lauchgemüse können Sie schon am Nachmittag zubereiten. Vor dem Servieren müssen Sie es dann nur noch mit einem Stück Butter kurz in der Pfanne aufwärmen.

Gebratene Zucchini

Zucchini schmecken langweilig. Von wegen!

Zutaten
- 2 Zucchini
- 3 Esslöffel Olivenöl
- Salz und Pfeffer
- 1 Esslöffel Balsamico (milder Essig, den Sie im Supermarkt im Öl- und Essigregal finden)

Utensilien
- 1 Geschirrtuch
- 1 Gemüsemesser
- 1 Esslöffel
- 1 beschichtete Pfanne
- 1 Herd
- 1 Gabel

Zeitaufwand
10 Minuten Vorbereitungszeit
1 Stunde Garzeit

Zubereitung
Die Zucchini waschen und mit einem Geschirrtuch trockentupfen. Die Enden abschneiden und entsorgen. Die Zucchini in ca. 5 mm dicke Scheiben schneiden. Das Öl auf kleiner Stufe in der Pfanne erhitzen. Die Zucchinischeiben hineingeben, salzen und pfeffern und 1 Stunde garen. Dabei gelegentlich mit der Gabel umdrehen, damit das Gemüse rundum gegart wird, es muss sehr weich sein. Wundern Sie sich nicht, wenn einige Scheiben zerfallen.

2 Minuten vor dem Ende der Garzeit den Balsamico unter die Zucchini rühren. Vor dem Servieren dürfen Sie 2 Scheiben probieren, um festzustellen, ob das Gemüse noch Salz oder Pfeffer verträgt.

Damit am großen Tag keine Hektik ausbricht

Sie können die Zucchini am Vortag zubereiten, ohne allerdings den Balsamico hinzuzugeben. Legen Sie das Gemüse in eine Schüssel, decken Sie es mit Frischhaltefolie ab und bewahren Sie es im Kühlschrank auf.

Wärmen Sie die Zucchini kurz vor dem Servieren mit ein wenig Butter in der Pfanne auf und fügen Sie den Essig hinzu.

Knackige grüne Bohnen

Junges Böhnchen sucht geeignete Panade zwecks knuspriger Kruste.

Zutaten

- 200 g junge grüne Bohnen
- 3 Esslöffel Paniermehl (gibts fix und fertig im Backwarenregal im Supermarkt)
- 20 g Butter
- 1 Teelöffel Salz

Utensilien

- 1 Geschirrtuch
- 1 Gemüsemesser
- 1 Teelöffel
- 1 großer Topf
- 1 Herd
- 1 Sieb
- 1 Esslöffel

Zeitaufwand

20 Minuten Vorbereitungszeit
17 Minuten Garzeit

Zubereitung

Die Bohnen waschen und trockentupfen. Die Enden abschneiden. Reichlich Wasser im Topf zum Kochen bringen. Wenn das Wasser blubbert, die Bohnen in den Topf geben. 12 Minuten bei mittlerer Hitze garen, abgießen und im Sieb abtropfen lassen.

Den Topf auf mittlerer Stufe erhitzen. Die Temperatur mit der Hand prüfen (darüberhalten, aber nicht berühren) oder 1 Tropfen Wasser in den Topf fallen lassen, dieser sollte sehr schnell verdampfen. Wenn der Topf heiß ist, das Paniermehl hineinstreuen, die Butter hinzugeben und das Ganze mit dem Esslöffel vermengen.

Wenn die Mischung eine schöne goldgelbe Farbe angenommen hat (nach ungefähr 2 Minuten), die Bohnen sowie das Salz hinzugeben und weitere 3 Minuten unter Rühren garen. Die Bohnen müssen gut mit der Panade überzogen sein.

Damit am großen Tag keine Hektik ausbricht

Die Bohnen können Sie schon am Nachmittag kochen und im Sieb abtropfen lassen. Wenn Ihre Angebetete eingetroffen ist, brauchen Sie die Bohnen nur noch in Paniermehl und Butter wenden.

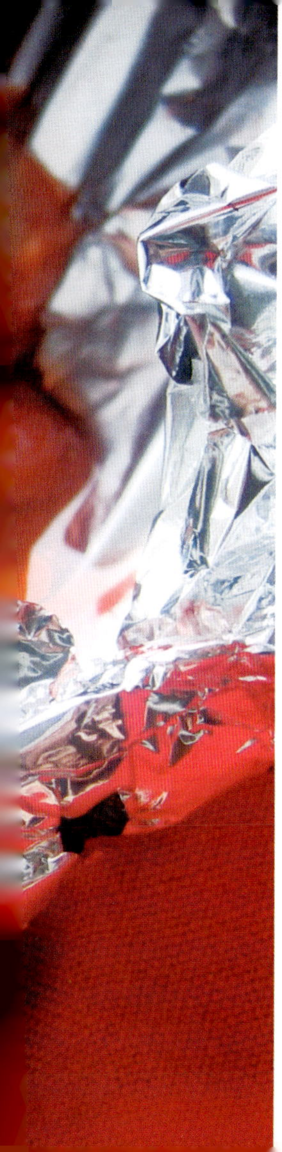

Desserts

(Sie haben es bis hierhin geschafft? Der Rest ist ein Kinderspiel!)

Bei uns hats gefunkt

Ich habe mich regelrecht in einen Küchen-Casanova verwandelt. **Pablo, 42 Jahre, Journalist**

Sie probierte gerade meine Apfel-Tarte, als ich es endlich wagte, ihr einen Heiratsantrag zu machen. Sie hat »ja« gesagt! **Philipp, 28 Jahre, Produktmanager**

Das Bananen-Schoko-Gebäck hat uns beide an unsere Kindheit erinnert. Sophie war ganz gerührt. **Lukas, 25 Jahre, Polizist**

Nach dem Dessert war klar: Sie bleibt. **Jens, 34 Jahre, Kameramann**

Ehrlich gesagt, ich konnte schon mit der Vorspeise und dem Hauptgericht punkten, aber mit dem Dessert ist mir wirklich ein Volltreffer geglückt. **Anton, 33 Jahre, Lehrer**

Apfeltaschen mit Rosinen und Honig

Klingt wie im Märchen? Schmeckt auch so.

Zutaten

- 1 Apfel
- 30 g Butter
- 1 Handvoll Rosinen
- 1 Esslöffel Honig
- 2 Filoteigblätter (hauchdünner Strudelteig, den Sie im gut sortierten Supermarkt in der Abteilung für Fertigteigwaren oder in orientalischen Lebensmittelgeschäften finden; die lange haltbaren Teigblätter werden normalerweise im 10er-Pack verkauft)
- 2 Esslöffel Crème fraîche
- 4 Minzeblättchen

Utensilien

- 1 scharfes Messer
- 1 Gemüseschäler
- 1 beschichtete Pfanne
- 1 Herd
- 1 Esslöffel
- 1 Geschirrtuch
- 1 Küchenbrett
- 1 Pfannenwender
- 1 Teller

Zeitaufwand

10 Minuten Vorbereitungszeit
15 Minuten Kochzeit

Zubereitung

Den Apfel halbieren, schälen, das Kerngehäuse entfernen und die Hälften in kleine Stücke schneiden.

Die Hälfte der Butter in der Pfanne bei milder Hitze zerlassen. Die Apfelstücke und die Rosinen dazugeben und unter Rühren 10 Minuten garen. Den Honig unterrühren und alles 1 weitere Minute garen. Die Apfelstücke mit dem Löffel aus der Pfanne nehmen und auf einem Teller abkühlen lassen. Die Pfanne reinigen und abtrocknen.

Die Filoteigblätter sind durch Papier getrennt, damit sie nicht zusammenkleben. Ein Blatt vorsichtig herausnehmen – Filoteigblätter sind sehr empfindlich (was auf Ihre Herzdame hoffentlich nicht zutrifft). Das Blatt auf das Küchenbrett legen. In der Blattmitte die Hälfte der Äpfel verteilen und das Teigblatt zu einem Rechteck falten. Den Vorgang mit dem zweiten Filoteigblatt wiederholen.

Die übrige Butter in der Pfanne bei milder Hitze zerlassen. Die Apfeltaschen zufügen und 3 Minuten braten. Der Teig soll knusprig und goldbraun sein. Die Taschen mit dem Pfannenwender umdrehen und weitere 2 Minuten braten. Auf 2 Teller legen und diagonal durchschneiden.

Je 1 Esslöffel Crème fraîche auf 2 Dreiecke verteilen und diese mit 1 Minzeblättchen garnieren.

Damit am großen Tag keine Hektik ausbricht

Sie können die Apfeltaschen bereits am Nachmittag backen.

Karamellisierte Klementinen mit Vanilleeis

Ihr Kühlschrank hat kein Eisfach? Tja, dann entgeht Ihnen was.

Zutaten

- 200 g Vanilleeis
- 3 Klementinen (das sind kernlose Mandarinen)
- 10 g Butter
- 1 Esslöffel Zucker

Utensilien

- 1 Tiefkühlfach für das Eis
- 1 beschichtete Pfanne
- 1 Herd
- 1 Gabel
- 1 Esslöffel

Zeitaufwand

5 Minuten Vorbereitungszeit
10 Minuten Garzeit

Zubereitung

Das Eis aus dem Kühlfach nehmen und ein wenig auftauen lassen.

Die Klementinen schälen und in einzelne Segmente teilen.

Die Butter in der Pfanne bei milder Hitze zerlassen. Die Klementinen dazugeben. 3 Minuten in der Pfanne dünsten, vorsichtig mit der Gabel wenden und weitere 3 Minuten dünsten.

Die Klementinen mit dem Zucker bestreuen und auf beiden Seiten 2 Minuten karamellisieren. Die Pfanne von der Herdplatte nehmen.

Das Vanilleeis auf 2 Teller verteilen. Die Klementinen um das Eis arrangieren und sofort servieren.

Torteletts mit Nuss-Nugat-Creme

Eine Kalorienbombe, die jede Kalorie wert ist.

Zutaten

- 1 Rolle Mürbteig (gibts im gut sortierten Supermarkt; der Teig ist auf Papier gerollt, das beim Backen als Unterlage dient)
- 1 Banane
- 10 g Butter
- 2 Esslöffel Nuss-Nugat-Creme
- 2 Esslöffel Kokosflocken (gibts im Supermarkt in der Backwarenabteilung)

Utensilien

- 1 Backofen
- 1 Küchenbrett
- 1 kleine Schüssel
- 1 Messer
- 1 Backblech
- 1 Herd
- 1 beschichtete Pfanne
- 1 Gabel
- 1 Esslöffel

Zeitaufwand

10 Minuten Vorbereitungszeit
15 Minuten Garzeit

Zubereitung

Die Mürbteigrolle 20 Minuten vor dem Verarbeiten aus dem Kühlschrank nehmen, dann lässt sie sich leichter ausrollen. Den Ofen auf 180 °C (Gas: Stufe 2) vorheizen.

Den Teig auf dem Küchenbrett ausrollen. Die Schüssel mit der Öffnung auf den Teig nahe an den Rand stellen und kräftig andrücken, um ein kreisrundes Tortelett auszustechen (notfalls mit dem Messer nachhelfen, ohne das Papier zu beschädigen). Den Vorgang wiederholen. Den überschüssigen Teig entfernen. Die Torteletts mit dem Papier auf das Backblech legen und 10 Minuten backen.

Inzwischen die Banane schälen und in etwa 5 mm dicke Scheiben schneiden.

Die Torteletts aus dem Ofen holen, auf 2 Teller legen und abkühlen lassen. Währenddessen die Butter in der Pfanne bei milder Hitze zerlassen. Die Bananenscheiben zufügen, 3 Minuten anbraten, mit der Gabel wenden und weitere 2 Minuten anbraten. 1 Esslöffel Nuss-Nugat-Creme auf jedes Tortelett streichen.

Die Bananenscheiben darauflegen und jedes Tortelett mit 1 Esslöffel Kokosflocken bestreuen.

Damit am großen Tag keine Hektik ausbricht

Den Mürbteig können Sie schon am Vortag backen. Schlagen Sie die abgekühlten Torteletts in ein Geschirrtuch ein und lassen Sie sie in der Küche stehen.

Apfeltörtchen

Ohne Worte …

Zutaten

- 1 Rolle Blätterteig (gibts im Supermarkt im Kühlregal und ist praktisch, denn der Teig ist in Backpapier gerollt, das als Backunterlage dient)
- 1 großer Apfel
- 40 g Butter
- 2 Esslöffel Zucker

Wahlweise:

- 1 Teelöffel Zimtpulver (gibts im Supermarkt im Gewürzregal)

Utensilien

- 1 Backofen
- 1 Gemüseschäler
- 1 scharfes Messer
- 1 kleine Schüssel
- 1 Backblech
- 1 Esslöffel
- 1 Teelöffel
- 1 Paar Backhandschuhe

Zeitaufwand

15 Minuten Vorbereitungszeit
20 Minuten Backzeit

Zubereitung

Den Blätterteig etwa 20 Minuten vor dem Verarbeiten aus dem Kühlschrank nehmen, dann lässt er sich besser ausrollen.

Den Backofen auf 180 °C vorheizen (Gas: Stufe 2).

Den Apfel vierteln, schälen und das Kerngehäuse mit dem Messer herausschneiden. Die Viertel in möglichst feine Scheiben schneiden.

Den Blätterteig ausrollen. Die Schüssel mit der Öffnung auf den Teig stellen, nahe an den Rand, und kräftig drücken, um einen Kreis aus dem Teig zu stechen (evtl. mit dem Messer nachhelfen, ohne das Papier zu durchtrennen). Den Vorgang mit dem restlichen Teig wiederholen. Die überschüssigen Teigränder abziehen, sodass zwei Teigkreise auf dem Papier zurückbleiben.

Die Apfelscheiben so auf dem Blätterteig verteilen, dass sie sich leicht überlappen.

Die Butter in dünne Scheibchen schneiden und über die Törtchen verteilen. Jedes Törtchen mit 1 Esslöffel Zucker bestreuen, mit dem Papier auf dem Backblech in den Ofen schieben und 20 Minuten backen Die Törtchen aus dem Backofen holen und auf 2 Teller legen. Wenn Sie Zimt mögen, können Sie die Apfeltörtchen damit bestreuen.

Damit am großen Tag keine Hektik ausbricht

Bereiten Sie die Törtchen kurz vor dem Eintreffen Ihres Besuchs vor und schieben Sie sie in den Ofen, wenn Sie den Hauptgang servieren.

Orangensalat

Bei diesem Duft werden Erinnerungen an Weihnachten wach.

Zutaten

- 2 große unbehandelte Orangen
- 1 Esslöffel Zucker
- ½ Teelöffel Zimtpulver (gibts im Supermarkt im Gewürzregal)
- 1 Teelöffel Orangenwasser (gibts im Asialaden)
- 1 Spritzer Rum

Utensilien

- 1 Geschirrtuch
- 1 Gemüseschäler
- 1 scharfes, spitzes Messer
- 1 Küchenbrett
- 1 Esslöffel
- 1 Teelöffel

Zeitaufwand

15 Minuten Vorbereitung

Zubereitung

Die Orangen gründlich waschen und trockentupfen. Mit dem Gemüseschäler 2 lange Schalenstücke von einer Orange abziehen und in hauchdünne Streifen schneiden. Jeweils beide Enden der Orangen abschneiden, die Schale mit dem Messer rundum einschneiden und abziehen. Anschließend die weiße Haut mit dem Messer entfernen (ist ein bisschen mühsam, lohnt sich aber).

Die Orangen auf das Küchenbrett legen (nicht auf die Schnittfläche) und jeweils in 4 bis 5 Scheiben schneiden. Die Kerne entfernen. Die Scheiben auf 2 Teller verteilen. Mit Zucker und Zimt bestreuen und mit Orangenwasser und Rum beträufeln.

Die Orangenschalenstreifen auf den Scheiben verteilen. Die Teller 2 Stunden in den Kühlschrank stellen, damit alles gut durchzieht und sich die Aromen entfalten.

Damit am großen Tag keine Hektik ausbricht

Sie können den Salat schon am Vortag zubereiten. Frischhaltefolie darüberlegen und ab in den Kühlschrank.

Himbeer-Quark-Törtchen

Ach wie gut, dass niemand weiß, dass der Törtchenboden nicht selbst gebacken ist.

Zutaten

- 8 Esslöffel Sahnequark
- 2 Esslöffel Zucker
- 150 g Himbeeren
- 4 Torteletts (gibts fix und fertig im Supermarkt im Backwarenregal

Utensilien

- 1 Esslöffel
- 1 Schneebesen
- 1 kleine Schüssel
- Küchenpapier
- 1 Servierplatte (notfalls tuts auch ein großer Teller)

Zeitaufwand

15 Minuten

Zubereitung

Quark und Zucker mit dem Schneebesen in der Schüssel verrühren.

Die Himbeeren waschen, putzen (also die Stielansätze entfernen und wurmige Beeren aussortieren) und vorsichtig trockentupfen.

Die Torteletts auf die Servierplatte legen. Mit dem Quark bestreichen und die Himbeeren daraufsetzen (besonders schön sieht es aus, wenn Sie die Himbeeren mit der Öffnung nach unten auflegen).

Kleiner Tipp: Vergewissern Sie sich, dass der Zucker vollständig im Quark gelöst ist. Man darf ihn auf der Zunge nicht mehr spüren. Wie? Einfach mal kosten – aber wirklich nur kosten.

Anstelle der Himbeeren können Sie auch Erdbeeren oder Pfirsiche (natürlich nicht im Ganzen, sondern in kleine Stücke geschnitten) verwenden. Vielleicht wissen Sie ja, welche Beeren oder Früchte Ihrer Liebsten munden.

Erdbeer-Bananen-Päckchen

Ein Meter Alufolie, der sich lohnt.

Zutaten

- 1 Banane
- 10 Erdbeeren
- 20 g weiche Butter
- 1 Teelöffel Zucker

Wahlweise:

- 2 Minzeblättchen

Utensilien

- 1 Backofen
- 1 scharfes Messer
- Küchenpapier
- Alufolie
- 1 Küchenbrett
- 1 Backpinsel
- 1 Teelöffel
- 1 Backblech

Zeitaufwand

15 Minuten Vorbereitungszeit
15 Minuten Backzeit

Zubereitung

Den Backofen auf 180 °C vorheizen (Gas: Stufe 2).

Die Banane schälen und in etwa 5 mm dicke Scheiben schneiden. Die Erdbeeren waschen und mit Küchenpapier trockentupfen. Die Stielansätze und die kleinen grünen Blättchen entfernen. Die Erdbeeren der Länge nach halbieren.

Von der Alufolie 2 etwa 50 cm lange Stücke abtrennen. Das erste Stück mit der matten Seite nach oben auf das Küchenbrett legen. Die Hälfte der Butter mit einem Backpinsel (haben Sie nicht, dann nehmen Sie einfach die Finger) auf die Alufolie streichen. Dabei an den Rändern ca. 4 cm frei lassen.

Die Hälfte der Erdbeeren und der Bananenscheiben auf der gebutterten Fläche verteilen. Mit der Hälfte des Zuckers bestreuen. Die Alufolie über den Früchten fest verschließen. Das zweite Päckchen ebenso vorbereiten.

Die Fruchtpäckchen auf das Backblech legen, in den Ofen schieben und 15 Minuten backen. Herausnehmen, auf 2 Teller legen und die Alufolie öffnen. Ein Minzeblättchen auf die Früchte legen und das Dessert sofort servieren.

Damit am großen Tag keine Hektik ausbricht

Sie können die Fruchtpäckchen schon am Nachmittag vorbereiten und am Abend ganz entspannt in den Ofen schieben, bevor Sie das Hauptgericht servieren.

Apfel-Dattel-Streusel

Eine ebenso exotische wie köstliche Spielart eines Klassikers.

Zutaten

- 2 kleine Äpfel
- 8 Datteln
- 50 g Mehl
- 50 g Zucker
- 50 g Kokosraspel
- 100 g Butter

Utensilien

- 1 Backofen
- 1 scharfes Messer
- 1 Gemüseschäler
- 1 feuerfeste Auflaufform
- 1 Schüssel
- 1 Gitterrost
- 1 Paar Backhandschuhe
- 1 feuerfester Untersetzer

Zeitaufwand

30 Minuten Vorbereitungszeit
20 bis 25 Minuten Backzeit

Zubereitung

Den Backofen auf 180 °C vorheizen (Gas: Stufe 2).

Die Äpfel vierteln, schälen und die Kerngehäuse herausschneiden. Jedes Viertel in kleine Stückchen schneiden.

Die Datteln aufschneiden, entkernen und halbieren. Die Äpfel und 6 Datteln (2 Datteln zur Dekoration zurückbehalten) in die Auflaufform legen.

Mehl, Zucker und Kokosflocken in der Schüssel vermischen. Die Butter in kleine Stücke schneiden und zufügen. Mit den Fingern unterkneten und den krümeligen Teig zwischen den Handflächen zu Streuseln zerreiben.

Die Streusel über die Früchte verteilen. Die Auflaufform auf das Gitterrost stellen und die Streusel 20 bis 25 Minuten backen. Sie sind fertig, wenn sie goldbraun sind.

Schauen Sie regelmäßig in den Ofen, damit die Streusel nicht zu dunkel werden oder gar anbrennen. Sind sie nach 15 Minuten schon sehr braun, die Temperatur auf 150 °C (Gas: Stufe 2) reduzieren und weiterbacken. Sollten die Streusel nach 20 Minuten noch nicht goldbraun sein, die Temperatur auf 200 °C (Gas: Stufe 3) erhöhen.

Die Auflaufform mit den Backhandschuhen aus dem Ofen nehmen und auf den Untersetzer stellen. Die Fruchtstreusel auf 2 Teller verteilen. Mit 1 Dattel garnieren und vor dem Servieren etwas abkühlen lassen.

Kleiner Tipp: Noch besser gelingen die Streusel, wenn Sie die Butter in einer Pfanne bei milder Hitze zerlassen und nach und nach unter die anderen Streuselzutaten kneten.

Fruchtig süßer Erdbeersalat

Welch Glanz in Ihrer Küche!

Zutaten
- ½ Zitrone
- 1 Esslöffel Honig
- 250 g Erdbeeren
- 8 Minzeblättchen

Utensilien
- 1 Zitronenpresse
- 1 Schüssel
- 1 Esslöffel
- 1 Schneebesen
- Küchenpapier
- 1 Gemüsemesser

Zeitaufwand
20 Minuten

Zubereitung
Die Zitrone auspressen, die Kerne entfernen und den Saft in die Schüssel gießen. Den Honig zugeben und alles gut mit dem Schneebesen verrühren.

Die Erdbeeren waschen und trockentupfen. Die Stiele und die kleinen grünen Blättchen entfernen und die Erdbeeren in Längsrichtung halbieren. In die Schüssel geben und vorsichtig mit dem Esslöffel unter die Honig-Zitronen-Mischung rühren, sodass die Beeren davon umhüllt sind.

Die Minzeblättchen waschen und trockentupfen. 2 Blättchen zur Dekoration zurückbehalten, die anderen mit dem Messer in feine

Streifen schneiden und über die Erdbeeren streuen. Mit den beiden Minzeblättchen garnieren und servieren.

Damit am großen Tag keine Hektik ausbricht

Sie können den Erdbeersalat schon am Nachmittag vorbereiten. Mit Frischhaltefolie abdecken und in den Kühlschrank stellen.

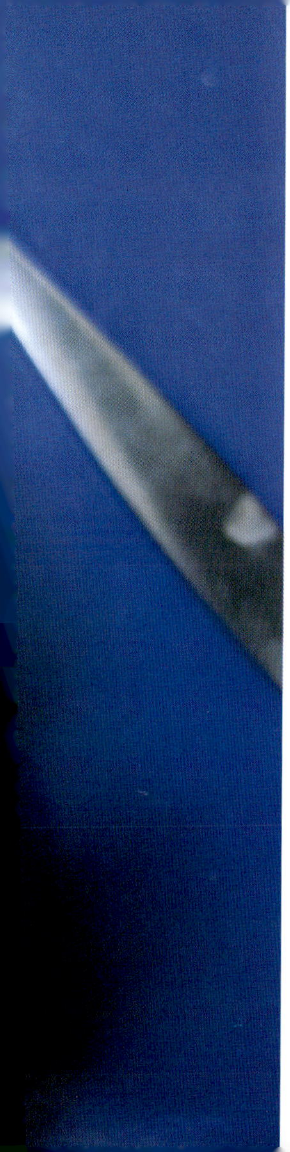

Frühstück

(Aha! Sie waren also
erfolgreich ...)

Bei uns hats gefunkt

Johanna hätte fast den Orangensaft in meinem Bett verschüttet. Ehrlich gesagt, ich hätte ihr das sofort verziehen. **Bill, 20 Jahre, Webdesigner**

Ein Morgen im Bett mit einer Schmusekatze an der Seite ... was gibt es Schöneres! **Marc, 23 Jahre, Mechaniker**

Keine Ahnung, ob Katja geschnarcht hat, weil ihr mein Essen so geschmeckt hat. Als Gentleman habe ich sie nicht gefragt. **Hans, 48 Jahre, Frisör**

Ich habe Orangen für sie ausgepresst und ihr ein Brot geschmiert. Ich wusste einfach, dass Angie wiederkommt. **René, 31 Jahre, Chemiker**

Nach einem »Galadiner« blieb sie über Nacht. **Bert, 33 Jahre, Künstler**

Eine schlafende Schönheit weckt man am besten mit einem Frühstück im Bett. **Alexander, 27 Jahre, Grafiker**

Der Kaffee ist fertig ...

Hat Ihr Abendessen sie so überzeugt, dass sie geblieben ist? Wenn Sie jetzt noch ein gutes Frühstück zaubern, wird sie gern wiederkommen.

Es gibt grundsätzlich zwei Möglichkeiten zu frühstücken:
- das schnelle Frühstück, bevor der Arbeitstag beginnt.
- das entspannte Frühstück am Wochenende.

Das schnelle Frühstück

Getränke

- Sie sollten auf jeden Fall Fruchtsaft im Haus haben: Die Klassiker sind Orangen- und Apfelsaft. Wenn sie es erlesener mag, entscheiden Sie sich für Grapefruit- oder Traubensaft.
- Tee bekommen Sie in Beuteln mit wohlklingenden Namen (English Breakfast, Orange Pekoe, Earl Grey ...). Sollten Sie ein Fan von offenem Tee sein, brauchen Sie sicher keine Ratschläge.
- Beim Kaffee hängt alles vom Zubehör ab. Von Hand gebrüht schmeckt er besser, das dauert aber länger. Greifen Sie lieber zur Kaffeemaschine – Sie wollen die Dame doch nicht warten lassen.
- Kakao müssen Sie nur im Schrank haben, wenn Sie wissen, dass sie ohne heiße Schokolade nicht leben kann.
- Milch und Zucker gehören zur Standardausrüstung (übrigens geben viele Frauen lieber »richtige« Milch in ihren Kaffee, keine Kondensmilch). Für alle Fälle sollten Sie auch Süßstoff griffbereit haben.

Essen

- Wenn vom Abend noch Brot übrig ist, haben Sie es natürlich in ein Geschirrtuch gewickelt, damit es nicht austrocknet (oder besitzen Sie etwa sogar einen Brotkasten?). Wenn Sie einen Toaster haben, wissen Sie ja, was zu tun ist, wenn nicht backen Sie das geschnittene Brot bei 100 °C (Gas: Stufe 1) ca. 5 Minuten im Ofen auf, damit es schön knusprig ist.
- Wenn Sie ihr etwas mehr bieten möchten, statten Sie dem Bäcker ums Eck einen Besuch ab: frische Brötchen und Gebäck (Croissant, Apfeltasche, Mohnschnecke ...) und schon sind Sie ihr Held.
- Vergessen Sie bloß die Butter nicht! Sie haben keine Butterdose? Dann servieren Sie die Butter auf einem kleinen Teller.
- Konfitüre und Honig. Stellen Sie beides im Originalglas oder in kleinen Schälchen auf den Tisch (denken Sie an den Teelöffel).

Das entspannte Frühstück

In weiser Voraussicht haben Sie Ihr Herzblatt am Wochenende zum Diner eingeladen. Sie ist (wie gehofft) über Nacht geblieben, nun ist die Zeit für ein ausgiebiges Frühstück zu zweit gekommen.

Getränke

- Fruchtsaft: Können Sie natürlich kaufen. Besser wäre allerdings, Sie schnappen sich die Zitronenpresse und pressen frische Orangen aus. Das schmeckt wunderbar und ist echter Luxus.

- Tee, Kaffee, Milch, Kakao: siehe »Das schnelle Frühstück«.

Essen

- Brötchen, süßes Gebäck (auf zum Bäcker), Butter, Honig und Konfitüre.
- Joghurt oder Quark.
- Obst.
- Käse (keine geruchsintensiven Sorten).
- Wurst und Schinken.
- Frühstücksflocken, z. B. Müsli, mit Milch (das mögen die Mädels).
- Eier (das Rezept dazu finden Sie auf Seite 156).

Joghurt mit Honig und Nüssen

So einfach ... und doch unglaublich sinnlich!

Zutaten

- 200 g Naturjoghurt (also den weißen, geschmacksneutralen)
- 2 Teelöffel Honig

Wahlweise:

- 8 Walnusshälften (gibts im Supermarkt im Backwarenregal)

Utensilien

- 2 Müslischalen
- 1 Teelöffel

Zeitaufwand

5 Minuten

Zubereitung

Den Joghurt auf die Müslischalen verteilen. 1 Teelöffel Honig über jede Portion träufeln (lassen Sie das Glas mit dem etwas älteren, schon fest gewordenen Honig im Schrank und nehmen Sie den neu gekauften, der schön flüssig ist), ohne Joghurt und Honig zu vermischen. Mit den Walnusshälften garnieren und servieren.

Weich gekochte Eier mit Butterschnittchen

Etwas knifflig: Die Eier dürfen nicht zu weich und nicht zu hart sein.

Zutaten

- 2 Eier
- 2 Scheiben Brot (fingerdick geschnitten, wobei Sie beim Schneiden eher an den kleinen Finger als an den Daumen denken sollten)
- Butter

Utensilien

- 1 Topf
- 1 Herd
- 1 Esslöffel
- 2 Eierbecher
- 1 Messer

Wahlweise:

- 1 Toaster

Zeitaufwand

10 Minuten

Zubereitung

Die Eier aus dem Kühlschrank nehmen. So viel Wasser in einen Topf gießen, dass die Eier ganz bedeckt sind. Das Wasser zum Kochen bringen. Sobald es blubbert, die Eier hineingeben und 3 Minuten kochen (bei großen Eiern dürfen es auch 4 Minuten sein).

Die Eier mit dem Esslöffel aus dem Wasser nehmen, kalt abschrecken und in die Eierbecher setzen. (Für den sehr unwahrscheinlichen Fall, dass Sie keine Eierbecher besitzen, müssen Sie kreativ werden: Basteln Sie aus Alufolie kleine Nester, in die Sie die Eier setzen.)

Die Brotscheiben (die getoastet natürlich noch besser ankommen) mit Butter bestreichen.

Die Eierbecher auf 2 Teller stellen und die Brotscheiben daneben legen.

Kleiner Tipp: Madame möchte vielleicht gern etwas Salz dazu.

Rezeptliste nach benötigten Utensilien

Sie haben weder Herd noch Backofen

Sie haben einen Herd, aber keinen Backofen

Sie haben einen Backofen, aber keinen Herd

Sie haben einen Herd und einen Backofen

Zur Entstehung dieses Buches

nicole.seeman@laposte.net

Nicole Seeman ist weder Sterneköchin noch Expertin in der Küche, hegt jedoch eine ausgeprägte Leidenschaft für die Kochkunst. Die Wände ihres Wohnzimmers sind mit Speisekarten verschiedener Restaurants gepflastert – Souvenirs denkwürdiger kulinarischer Abende oder auf dem Flohmarkt aufgestöberte Kostbarkeiten.

In den vergangenen 15 Jahren hat sie an einer ganzen Reihe von Kochkursen teilgenommen, und das einfach nur aus Spaß an der Freude. Hin und wieder verblüfft sie ihre Freunde mit einem außergewöhnlichen Menü. Ihr Credo lautet: Man muss weder ein Genie noch besonders erfahren sein, um leckere Gerichte zu zaubern. Daher ist es ihr (problemlos) gelungen, genügend wehrlose Versuchskaninchen zu finden, an denen sie ihre Tricks und Kniffe ausprobieren konnte. Die Rezepte in diesem Buch sind von 100-prozentigen Nicht-Köchen getestet worden. In diesem Zusammenhang geht der Dank der Autorin an Jean-Luc, der geduldig alles ohne Maulen probiert hat, darunter auch die Speisen, die nicht ganz geglückt waren, und an Michel, der die ihm vorgesetzten Gerichte höchstpersönlich kostete (und seither den Jakobsmuscheln mit Pastis verfallen ist) und dabei genau die Fragen stellte, die ein in kulinarischen Dingen unbewanderter Mensch bei Tisch eben stellt.

raphaele.vidaling@laposte.net

Raphaële Vidaling, ebenfalls passionierte Feinschmeckerin, war bei diesem Projekt erstmals für die Auswahl der Fotos verantwortlich, obwohl ihr Fachgebiet eigentlich eher im Bereich der Literatur liegt. In ihrer ersten Romanveröffentlichung erschuf sie den Charakter »Der-Mann-der-mich-ernährt«.